IoT時代の
Internet of Things
競争分析
フレームワーク

バリューチェーンからレイヤー構造化へ

根来龍之・浜屋 敏 編著

早稲田大学ビジネススクール根来研究室 著

中央経済社

はしがき

産業構造が大きく変化している

　IoT（Internet of Things）の時代は，産業構造変革の時代である。人間がインターネットを使うだけではなく，機械やセンサーのデータがクラウドに吸い上げられ，自動的に制御される。

　本書は，IoT時代の産業構造の変化に直面してそれにどう対応すべきか悩んでいる方，逆に産業構造を変革しようと志す方に向けて書かれたものである。

　本書のキー概念は，「レイヤー構造化（多層化）」である。これは，産業がレイヤー構造化して生まれる市場のことを意味している。レイヤーとは，製品（システム）が層のように重なるようにできあがっていることを示す。例えば，パソコンのハードにOSがインストールされ，さらにアプリケーションソフトが搭載されて使われるようなことをイメージしてほしい。そして，産業のレイヤー構造化とは，「最終消費者が各レイヤーの製品を直接選択して，組み合わせることができる」ようになっていくことを意味している。例えば，パソコンにおいて，各消費者が自由にアプリケーションソフトを選んで使っていることがこれにあたる。

　レイヤーという言葉は，コンピュータ業界では古くから使われてきた言葉である。この業界では，産業のレイヤー構造化はオープンシステム化と呼ばれてきた。本書の問題意識は，このレイヤー構造化が，伝統的な産業にまで広がりつつあるという認識にある。したがって，本書ではまずコンピュータ業界の構造変化や競争関係の変化を時系列分析することで，レイヤー構造化の概念を明確にする。次に，各業界を一覧する形で，ネットビジネスだけでなくリアルビジネスでも進むレイヤー構造化の内容を明らかにする。具体的には，クラウドコンピューティングやインターネット広告ビジネスから始まり，モバイル通信ビジネス，ゲームビジネス，テレビ放送，シェアエコノミー（シェアリングサービス）について第3章で扱い，さらに第4章では，決済・POSビジネス，

ATMビジネス，自動車業界，電力ビジネス，さらにはブライダルビジネスや印刷業界まで分析の範囲を広げる。レイヤー構造化は多くの業界で進みつつあるのだ。

　レイヤー構造化は，ソフトウェア化，モジュール化，ネットワーク化によって促されている。モジュール化とは，製品の各部分が独立に設計可能なことを意味する。実は，レイヤーがモジュールになっていることが，レイヤー市場別に独立に製品を選択できる条件である。ただし，モジュール化はレイヤー構造化より大きな概念である。部品がモジュール化されても，その部品一つ一つがレイヤーになるとは限らない。ハードディスクはモジュール化された部品だが，それを独立に選んで筐体(きょうたい)と組み合わせて使う消費者は少ない。

　ソフトウェア化はモジュール化を促す。ソフトウェアはハードの性能を後から制御する力があるからだ。iPhoneの画面はOSをアップデートすると，見た目も機能も変わることを思い出してほしい。ネットワーク化でつながった製品システムは，組み合わせることが容易になる傾向がある。例えば，電子書籍ストアは，iPadのような汎用ハードとは独立にネットを通じて選択できる。

あらゆる業界で進む可能性がある「レイヤー構造化（多層化）」

　狭義のコンピュータ業界以外でもレイヤー構造化が進んでいる事例として，コンビニATMを考えてみよう。ATMが生まれる前は，銀行預金や現金の引き出しは，自分が利用する銀行の支店に行かなければできないことだった。しかし，ATMが誕生し，それがネットワークでつながることで，他の銀行の支店でも，自分の口座のお金にアクセスできるようになった。さらに，コンビニATMの出現は，ATMレイヤーを独立のビジネスとして市場化した。新しいレイヤー市場が誕生したのである。実際，セブン銀行は多くの銀行のATMとして機能し，手数料中心のビジネスとして同社は上場することに成功した。

　本書は，このような産業構造のレイヤー化が多くの産業で進んでいる様子を，一貫したフレームワークで体系的に整理したものである。本書の中核は，第3章（ネットビジネス）と第4章（リアルビジネス）の「業界別動向」にある。これらの章では，従来の業界構造と今後の業界構造（予想）をレイヤー構造の違いとして整理し，その構造変化をもたらす要因が何かを媒介項として示すと

いう一貫したフレームワークで分析している。また，第2章では，もっともレイヤー構造化が先に進んでいるコンピュータ業界を「レイヤー × デバイス」マトリックスというフレームワークで時系列分析する。このフレームワークは，代替的機能を持つ機器（デバイス）が複数ある産業の分析において威力を発揮する。

　ただし，本書はただの事例集ではない。真に役立つ分析には理論が必要である。理論なきところには一貫した戦略思考は生まれない。本書の理論は，「レイヤー構造論」であり，それは従来の「バリューチェーン構造」と対比される新しい概念である。バリューチェーン構造では，最終工程を担う業者が製品多様性を制約する存在であり，最終消費者は最終工程を担う業者が提供する製品群から選択を行う。それに対して，レイヤー構造化された産業では最終消費者自身が選択して組み合わせることができる。

　自動車のモデルは，いくつかが用意されているが，所詮はディーラーが示したカタログから選ばれる。しかし，ナビは後から自由に消費者が選択して取り付けることができる。これは，ナビ市場がレイヤーとして独立しているからである。自動車産業は，車載システムにアップルやグーグルが参入してくることで，さらにレイヤー構造化が進みつつある。

　本書は，私と浜屋敏氏（株式会社富士通総研 経済研究所 研究主幹）が企画し，根来研究室のメンバーの参加によってできあがったものである。彼らの参加によって，事例が多様になり，調査が深くなった。記して感謝したい。

2016年5月

執筆者を代表して
根来　龍之

目　次

第1章　バリューチェーン戦略ではもう勝てない

- ▶ 伝統的なバリューチェーン構造を持つ産業　1
- ▶ 新たに台頭してきたレイヤー構造を持つ産業　2
- ▶「垂直統合」を2つの視点から分けて考える　5
- ▶ バリューチェーン構造とレイヤー構造による
  オープン戦略の違い　6
- ▶ バリューチェーン構造とレイヤー構造で
  競争力のカギを握るもの　8
- ▶ バリューチェーン構造とレイヤー構造で異なる
  独占崩壊の圧力　11
- ▶ ビッグデータ時代の自動車産業の行方　12
- ▶ 自動車産業におけるアップルとグーグルの戦略の違い　13
- ▶ グーグルの自動運転への対応　15
- ▶ まとめ：「レイヤー戦略論」とは　16

第2章　市場のレイヤー構造化と競争戦略
―マイクロソフト，アップル，グーグル，アマゾン―

1. **レイヤー構造化が進んだOS業界の
   シェア拡大戦略とは？**　19

2. **ウェブサービス技術の進化によるレイヤー構造の変化**　20
   - ▶ レイヤー構造変化の契機とは？　20
   - ▶ マイクロソフトの強さとは？：2005年以前のレイヤー構造　21
   - ▶ クラウドの台頭：2005年以降のレイヤー構造　23
   - ▶ グーグルがとったアプリケーション・サービスに対する戦略　27

　　　　▶ まとめ：OS シェア拡大の要因とは？　29

　3　**レイヤー構造化における競争戦略分析のフレームワーク　30**
　　　　▶ 参入戦略のメカニズム　31

　4　**LD マトリックスによる戦略分析①─マイクロソフト　32**
　　　　▶ マイクロソフトの参入戦略を分析する　32
　　　　▶ マイクロソフトの参入戦略のまとめ　35

　5　**LD マトリックスによる戦略分析②─アップル　41**
　　　　▶ アップルの参入戦略を分析する　41
　　　　▶ アップルの参入戦略のまとめ　43

　6　**LD マトリックスによる戦略分析③─グーグル　50**
　　　　▶ グーグルの参入戦略を分析する　50
　　　　▶ グーグルの参入戦略のまとめ　52

　7　**LD マトリックスによる戦略分析④─アマゾン　58**
　　　　▶ アマゾンの参入戦略を分析する　58
　　　　▶ アマゾンの参入戦略のまとめ　59

　8　**OS 市場における競争・参入戦略のまとめ　66**
　　　　▶ レイヤー構造化における競争戦略の 3 つのポイント　66
　　　　▶ 競争戦略のポイント：レイヤーのオープン化とクローズ化　67

第3章 業界別動向①
—ネットビジネス—

1 **クラウドコンピューティングとコンピュータ業界** 71
- クラウドコンピューティングとは何か 71
- クラウドの新規性 71
- クラウドサービスの具体例：Amazon EC2 72
- コンピュータ業界におけるレイヤー構造の変化 73
- 「所有」から「使用」への移行 74
- レイヤー単位でのサービス選択 75
- クラウドサービスの先行者：Salesforce.com と AWS 77
- 追いかける IBM，マイクロソフト，グーグル 79

2 **インターネット広告ビジネス** 80
- デジタル化が進む広告業界 80
- インターネット広告にも起こったパラダイムシフト 82
- 「運用型広告」における広告配信プラットフォームの仕組み 83
- デジタルマーケティングを変えた広告配信の進化 85
- レイヤー構造の変化：データがデジタルマーケティングの主役に 86
- 変化する競争構造と主要プレイヤーの動向 88
- ウェブサービス企業の台頭 88
- 曖昧化する業界間の境界線 89

3 **モバイル通信ビジネス** 90
- モバイル通信業界の特徴 90
- スマートフォンの普及とその影響 90
- モバイル通信の遍歴とレイヤー構造の変化 92
- 通信キャリア主導の第1世代，第2世代移動通信システム 92
- パケット定額制と通信規格統合が業界構造に与えた影響 94

- ▶ 汎用 OS とマーケットプレイスによるレイヤー分離　94
- ▶ MVNO と SIM フリーの誕生　96
- ▶ レイヤー構造の変化によるモバイル通信業界への新規参入パターン　97
- ▶ 通信ネットワークレイヤーの参入パターン　98
- ▶ モバイル端末レイヤーの参入パターン　98
- ▶ ユーザが意識する端末 OS とマーケットプレイス　99
- ▶ モバイル通信業界の今後　99
- ▶ 流通業のモバイル通信業界への参入　99
- ▶ 相次ぐ異業種のモバイル通信業界への参入　100
- ▶ 今後のモバイル通信の動向　100

4　ゲームビジネス　101
- ▶ ゲーム専用機ビジネスの特徴　101
- ▶ ゲーム市場の変化　105
- ▶ 大きく成長する汎用機市場　105
- ▶ レイヤー構造の変化　107
- ▶ 転換期にあるゲーム専用機市場と成長を続けるゲーム汎用機市場　109
- ▶ スマホ向けゲームのインパクト　111
- ▶ 競争は上位レイヤーに移行していく　112

5　テレビ放送ビジネス　113
- ▶ テレビ放送事業者のビジネスモデル　113
- ▶ デジタル化によるレイヤー構造化　115
- ▶ デバイスの多様化と機能の向上　116
- ▶ インターネット配信の活用　117
- ▶ 免許制が崩壊する可能性　117
- ▶ 視聴方法の変化　118

- ▶ レイヤー構造の変化が与える影響　120
- ▶ 視聴者への影響　120
- ▶ 広告主企業への影響　121
- ▶ テレビ放送事業者としての新たな取り組み　122
- ▶ レイヤー構造化に対応するテレビ放送事業者の戦略：動画配信に積極的な日本テレビ放送網　122

6　シェアエコノミー　124
- ▶ レイヤー化によって生まれた新しいビジネス：古くて新しい概念　124
- ▶ ネット・スマホ・SNS がシェアエコノミー拡大の背景に　125
- ▶ レイヤー構造化によりシェアエコノミーという新しい市場が創出された　125
- ▶ Uber と Airbnb に見る特徴ある事業者の状況　127
- ▶ 単なる乗車ではなく，ドライバーとの交流ができる　127
- ▶ Uber によるレイヤー構造化と新しい市場の出現　128
- ▶ ソーシャルメディアの信用情報が有効に　130
- ▶ ホストとゲストの特別な体験を重視　131
- ▶ Airbnb によるレイヤー構造化と新しい市場の出現　132
- ▶ 低資本で新規参入が容易，勃興するシェアエコノミー関連のスタートアップ　132
- ▶ 国や地域ごとに，法律的な解釈が違い，対応が必要　133
- ▶ ついてまわる安全への不安と責任　134
- ▶ それでも，シェアエコノミーの拡大の流れは止められない　134

第 4 章　業界別動向②
―リアルビジネス―

1　決済・POS レジビジネス　137
- ▶ 日本におけるクレジットカード決済の特徴　137

- ▶ クレジット決済導入の4つのハードル　138
- ▶ スマホ決済によるレイヤー構造の変化　139
- ▶ スマホ決済の優位な市場　140
- ▶ スクエアが切り開く個人間取引　141
- ▶ POSレジソリューション市場の構造変化　142
- ▶ スマートデバイスを活用した簡易POSレジの浸透　143
- ▶ Airレジの衝撃　145
- ▶ Airレジのベーシック機能　146
- ▶ タブレットレジは今後も発展する　146

2　ATMビジネス　147
- ▶ コンビニATMの誕生：バブル崩壊，メガバンクの破綻　147
- ▶ 運営形態によるコンビニATMの分類　148
- ▶ 銀行ATMサービスのレイヤー構造化　150
- ▶ レイヤー構造化による新しいビジネスの誕生と利用者の変化　151
- ▶ コンビニATMの成功事例：セブン銀行のビジネスモデル　152
- ▶ 順調に推移するセブン銀行の業績　154
- ▶ ATMの管理・運用に特化するローソン　155
- ▶ コンビニATMを産業化したセブン銀行　156

3　自動車業界　156
- ▶ 業界の特徴と概要　156
- ▶ 車両のモジュール化の進展：電気自動車のシンプルな構造　157
- ▶ 注目を浴びる米テスラモーターズ　158
- ▶ テスラ「モデルS」：車内環境IT化の進展　159
- ▶ ネットワーク化の進展：テレマティクス技術の進化　160
- ▶ ソフトウェア化の進展：自動運転技術の進化　160
- ▶ レイヤー構造化の状況：ユーザは各レイヤーを選択できる時代に　161
- ▶ グーグルがオープン・オートモーティブ・アライアンスを設立　162

- ▶ ホンダはクルマ用アプリ開発スタジオを開設　163
- ▶ アップル CarPlay とトヨタ T-Connect にみる新たな動き　163
- ▶ アップル：新車載システム「CarPlay（カープレイ）」　164
- ▶ トヨタ自動車：新テレマティクスサービス「T-Connect」　165
- ▶ レイヤー構造化後の自動車産業　166

4　電力ビジネス　167

- ▶ 電力業界の概要と特徴：日本の電気業界における地域独占と総括原価方式の歴史　167
- ▶ 電力システム改革の状況：制度改革による電力業界の競争自由化の始まり　168
- ▶ 東日本大震災によって電力会社が与えた利用者への影響　170
- ▶ 電力業界における全面自由化に向けた新たな制度改革　170
- ▶ 電力業界のレイヤー構造変化　171
- ▶ レイヤー構造化によるメリット・デメリット　172
- ▶ 特徴ある事業者の動向：新電力の販売電力量の約半分を占めるエネットの参入戦略　174

5　ブライダルビジネス　176

- ▶ ブライダルビジネスの概要と特徴：日本の婚礼の歴史　176
- ▶ 高度成長期から現代までの婚礼スタイル　176
- ▶ 近年のブライダルビジネスの概況と予測　177
- ▶ ブライダルビジネスのレイヤー構造変化：式場主導型からレイヤー分離型へ　179
- ▶ 構造変化に対応する企業戦略：二次会幹事代行から始まったスマ婚（スマート婚）　181
- ▶ 格安結婚式"スマ婚"の特徴：常識を破る価格設定　181
- ▶ 式場主導型でないメリットとデメリット　183

6　印刷業界　184

- ▶縮小を続ける国内の印刷業界　184
- ▶印刷産業のデジタル化によるバリューチェーンの変化　185
- ▶印刷産業のデジタル化によるレイヤー構造の変化　186
- ▶レイヤー戦略としての印刷通販の登場と台頭　187
- ▶印刷通販の代表選手「プリントパック」発展の歴史と特徴　190

第5章　どのようなビジネス／サービスが求められているのか

1 利用意向調査の概要　195

2 レイヤー分離に伴う新しいサービスの利用意向　198
- ▶各種サービス利用意向：年齢別　198
- ▶各種サービス利用意向：男女別など　201

3 新しいサービスのメリットとデメリットに関する認識　202

おわりに
―産業のレイヤー構造化（多層化）に対応する戦略のポイント―

- ▶新たな消費者主権の時代　207
- ▶バリューチェーン構造とレイヤー構造　208
- ▶電子書籍産業におけるレイヤー構造　209
- ▶プラットフォームレイヤーをめぐる競争　210
- ▶レイヤー構造化が変える自動車産業の競争構造　210
- ▶レイヤー構造化への対応：3つのポイント　211

索　引　213

第1章
バリューチェーン戦略では もう勝てない

　本章では，本書のキーワードであり，最近のビジネスをとらえる上で不可欠な「レイヤー構造化（階層化）」の意味を，バリューチェーン（VC）構造でとらえる伝統的な産業の見方と対比して説明する。

▶▶ 伝統的なバリューチェーン構造を持つ産業

　これまでの産業論はバリューチェーン（VC）でとらえるのが伝統的な見方であった。バリューチェーンは企業間あるいは業界間をまたがる付加価値連鎖のことを指す。例えば，アパレル業界のユニクロを例にとると，**図表1-1**の

図表1-1　バリューチェーン戦略の成功例

□ ＳＰＡ（アパレル製造小売業）のユニクロ⇔卸からの仕入れのしまむら
　→バリューチェーンのどの部分を自社が行うべきか：参入戦略

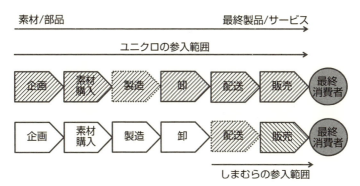

注：ユニクロにおける製造工程，しまむらにおける配送工程は，各社が委託企業をコントロールすることによって行われている。
出所：筆者作成

ように「企画」「素材購入」「製造」「卸」「配送」「販売」といったバリューチェーン全体をユニクロがコントロールしている。

ユニクロは，ヒートテックなどの商品開発の企画を立て，東レなどの素材メーカーから素材を購入して，商品を完成させ，自社で展開する直営店舗で販売している。これに対して，しまむらは素材メーカーと連携して独自商品開発を行ったりはしていない。あくまでバリューチェーンの最後の「配送」「販売」に注力していて，バリューチェーンの参入範囲はユニクロよりも小さいといえる。

バリューチェーンにおいては，消費者は最後のプレイヤーが取引する相手であり，アパレルの場合はバリューチェーンの最終段階である店舗において商品を選択する。消費者は製造段階において東レ以外の素材を使った製品を選ぶといったような，バリューチェーンの途中段階における素材を選択することはできない（選択は最終バリューチェーンの提供者の製品種類の範囲，つまりオプションの範囲に限定される。オプションとは最終プレイヤーが消費者に提示する多様性である）。

▶▶ 新たに台頭してきたレイヤー構造を持つ産業

これに対して新たに台頭してきたのがレイヤー構造を持つ産業である。この産業においては，従来型のバリューチェーン構造とは異なり，最終消費者が各レイヤーの製品を直接選択して，組み合わせることができる（**図表1-2**）。

その代表的な例として電子書籍ビジネスを考えてみる。電子書籍は閲覧ハードとコンテンツのことだけを指すと考えている人も多いが，実際に**図表1-3**のように，電子書籍産業は，「通信ネットワーク」「ハード・OS」「アプリ」「コンテンツストア」「電子コンテンツ」という多層的なレイヤー構造から成り立っている。

例えば最終消費者がアップルのiPadを購入したとする。その端末で電子書籍を読む場合，使うアプリは，アップルのiBooksアプリでもいいし，アマゾンのKindleアプリでも構わない。消費者はアプリをハード・OSと自由に組み合わせて選ぶことができる。

図表1-2 レイヤー構造を持つ産業では最終消費者が製品を直接選択できる

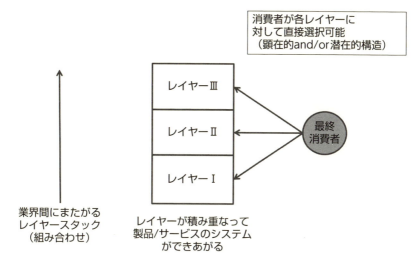

出所：根来・藤巻（2013a）

図表1-3 電子書籍産業は多層的なレイヤー構造から成り立つ

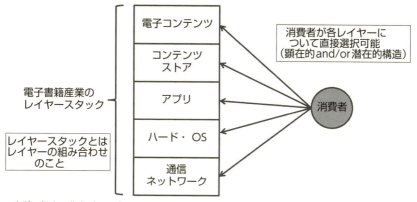

出所：根来・藤巻（2013a）

　iPadを選んでも，消費者はレイヤーの一番下にある通信ネットワークを自由に選べる。学校や勤務先のWi-Fiなら通信キャリアは関係しないし，通信キャリアを利用する場合でもソフトバンク，au，NTTドコモなどから自由に

選択できる。このように最終消費者が各レイヤーの製品・サービスを自由に組み合わせて購入・利用できるのがレイヤー構造を持つ産業の特徴である。

ただし、レイヤー構造化が進んでもバリューチェーン構造がなくなるわけではない。iPadには、部品製造プロセス、設計プロセス、組立プロセスというバリューチェーンがある。

なお、産業によっては、レイヤー構造化による「選択の自由」に消費者が対応しきれないことがある。例えば、コンピューター業界では、製品のオープン化が進んだ結果、あるOSをインストールできるハードはたくさんあり、またそのOSで動くデータベースソフトもいくつかの種類がある。また、あるデータベースソフトを使うことにしたからといって自社の業務ソフトの内容や選択が自動的に決まるわけではない。さらに、各レイヤーの製品が日々進歩するので、ユーザ企業は自信をもって、「自社に最適な組合せ」を選ぶだけの能力がないことが多い。ここで登場するのがシステム・インテグレーター（SIer）である。SIerは、ユーザ企業にかわって、全体の仕様を設計し、時にカスタマイズを行い、さらに各レイヤー製品事業者と交渉して、全体の動作について保証することを業務とする「消費者の代理人」である（**図表1-4**）。

図表1-4　法人向けコンピューター業界におけるレイヤー構造

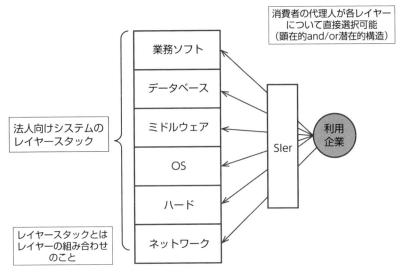

出所：根来（2015）

▶▶▶ 「垂直統合」を2つの視点から分けて考える

では従来型産業モデルのバリューチェーン構造と新しい産業モデルのレイヤー構造はどういった違いを生み出しているのか。それをアップルのiPhoneを例にとって見てみよう（**図表1-5**）。

iPhoneという製品は端末（ハード）という観点でみた場合には，「部品手配・納期管理」「Apple Store」というバリューチェーン構造を持っている。その一方で，「Apple Store」「iOS」「iTunes Store」というレイヤー構造も持っている。

図表1-5の中でアップルの参入範囲はハッチングした部分になる。バリューチェーン構造でみた場合，アップルは「部品手配・納期管理」「Apple Store」の部分を担っている。一方，レイヤー構造でみた場合は「iOS（iPhoneハードと一体）」だけではなく，「iTunes Store」というアプリとコンテンツの販売レイヤーを占有している。

図表1-5　iPhoneにおけるバリューチェーンとレイヤーの統合の違い

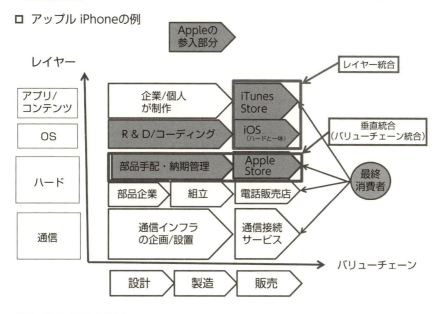

□ アップル iPhoneの例

出所：根来・藤巻（2013b）

端末販売という視点でみた場合，アップルはApple Storeでの販売にかなり注力している。企画から販売までを参入範囲としているということで，これを「バリューチェーン統合」と呼ぶことにする。一方，端末利用という観点からみた場合，アップルはアプリとコンテンツの販売レイヤーを占有しようとしている。これを「レイヤー統合」と呼び，「バリューチェーン統合」と分けて考えることができる。従来の産業構造論では，両方とも「垂直統合」と呼ぶことが多かった。しかし，これを分けて考えることで，新たな競争の形が見えてくる。

▶▶ バリューチェーン構造とレイヤー構造による オープン戦略の違い

　伝統的なバリューチェーン構造の場合，**図表1-6**にあるように自社の事業領域であるAやBでビジネスを展開しようとしたとき，流通のCや部品製造のDにあたる部分は他社に任せることに，ある会社が自社の事業範囲を決めたとする。これは「バリューチェーンの設定戦略」と呼びうるものである。

　この場合，どこでも売ってくれるなら構わないという考えでCの流通を完全オープン化する場合もあるし，例えば系列店のみで販売するといった発想で，自社ビジネスの統合範囲に入れる場合もありえる。国内自動車販売の場合は資本関係がないにもかかわらず強固な系列販売店システムがある。基本的に系列店はほかのメーカーの車を販売できない。Dの部品も多くは，系列メーカーから調達している。

　バリューチェーンで考えた場合，どのプロセスをどの程度オープンにするかを考える必要がある。前（D）と後ろ（C）について誰と組むか，どの程度オープンにするか（例えば，Dの場合は複数企業と取引するか，さらには標準品を市場で調達するか）が，「自社製品の差別化」に影響するからである。

　一方，レイヤー構造の場合はどうなるか（**図表1-7**）。隣接レイヤーに対して自社製品をオープン化するか，クローズド化するかは，自社製品の差別化だけではなく，補完製品の多様性や機能に影響を与える。例えばアップルのiPhoneのように，iTunesでしかアプリを買えないようにするか，グーグルの

第1章 バリューチェーン戦略ではもう勝てない　7

図表1-6　バリューチェーンの設定戦略

VC構造における事業領域選択＋領域外事業者との連携→
製品差別化

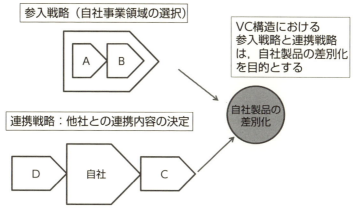

出所：根来（2014）

図表1-7　レイヤー構造の場合はエコシステムの差別化戦略となる

レイヤー構造における事業領域選択＋領域外事業者との連携→
エコシステム差別化

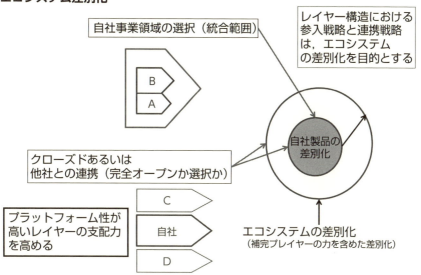

出所：筆者作成

AndroidのようにGoogle Play以外でもアプリを買えるようにするかで，補完プレイヤーの動きや補完製品の内容や種類が変わってくる。

　iPhoneを売る通信キャリアは，iPhone（ハード）の下に位置づけられる隣接レイヤーのビジネス主体として，単に端末と回線をセット販売するだけの「土管」となっている。これに対してAndroid系のスマートフォンに対しては，端末と回線だけでなく，アプリを販売するマーケットプレイスも提供できるなど，補完プレイヤーであるキャリア（通信会社）としてのうまみが多い。端末製造についてもアップルは独占しているが，グーグルは，基本的にはオープン戦略をとっていて，自由に他社もAndroid系のスマートフォンを製造することができる。レイヤー構造の中で，製品・サービスの多様性の基盤となるレイヤーを「プラットフォーム」階層と呼ぶ。プラットフォーム階層は1つとは限らない。上記の例では，OSレイヤーと，アプリ・コンテンツ販売レイヤーがプラットフォーム階層になっている。

　消費者から見て魅力となる多様性を実現する程度を「プラットフォーム性」と呼ぶ。この事例では，アプリ・コンテンツ販売レイヤーのプラットフォーム性がもっとも高いと考えられる。

　プラットフォーム製品と補完製品（群）を合わせたものを「エコシステム」と呼ぶが，レイヤー構造においては自社事業領域の設定や他社との連携に関するオープン化戦略の当否が，自社製品の差別化だけではなく，「エコシステムの差別化」にも効いてくる。これがバリューチェーン構造とレイヤー構造の大きな違いである。

▶▶ バリューチェーン構造とレイヤー構造で競争力のカギを握るもの

　一方，統合化戦略を考えた場合，ユニクロの例でも分かる通り，バリューチェーン構造においては，統合化を進めるほど商品の多様性は小さくなる。これは当たり前の話で，川上と川下を統合すると，消費者の選択の幅が狭まるからである。

　「商品企画をコア業務にして，店舗を直営し，製品を完全買取することを前

提に委託工場を操業指導し，低コスト・高機能の特化型商品展開を行う」というのがユニクロの勝利の方程式である。このモデルの場合は規模の競争になる傾向が強く，ユニクロのライバルであるZARAやH&Mとは，商品の多様性ではなく，規模の効果（コストと宣伝力）とデザイン・素材等の差別化で競争していくことになる。

　バリューチェーン構造において，オープン化は川上であれば複数購買や汎用品の購入，川下であればチャネルのオープン化を意味し，逆にクローズド化は川上であれば自社特有スペックの選択的取引（例：ヒートテック素材を東レと共同開発），川下であれば直販や選択的チャネル政策（例：デパートだけで売る）といったことを意味する（**図表1-8**）。つまり，統合は差別化につながるが，一方では多様性を犠牲にすることを意味する。

　これに対して，レイヤー構造では統合化を進めても必ずしも商品の多様性は失われない。最終消費者は端末を選んだ段階で，アプリを販売するストアを限定されたとしても，そこで販売される多様なアプリ（コンテンツ）を自由に選

図表1-8　バリューチェーンのオープン化の例

☐　家電メーカーの例
  ・　川上へのオープン：複数購買や汎用品の購入
  　　　　　　　　　　（⇔クローズドは自社特有スペックの選択的取引先からの購買）
  ・　川下へのオープン：チャネルのオープン化⇔クローズドは直販や選択的チャネル政策の採用

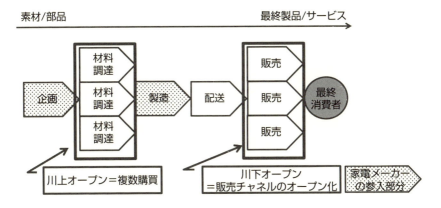

出所：根来（2014）

択することができる。これは，多様性を実現するレイヤーは統合せず，その基盤レイヤーだけを統合しているからである。

そこでプラットフォームを担うプレイヤーにとっては，どこまでをクローズドにして，どこまでをオープンにするかは，消費者にとっての潜在的選択範囲を意味するエコシステムをどう構築するかという問題になる。レイヤー構造を持つプラットフォームビジネス間の競争は，エコシステム間の競争でもある。補完プレイヤーにとってはオープン戦略をとるプレイヤーのほうがビジネスの制約が少なくなる。このため，グーグルのようなオープン戦略をとると多くの補完プレイヤーが集まりやすく，大きく強力なエコシステムを構築できる可能性がある（**図表1-9**）。

しかし，アップルがスマートフォン分野で先行していることや，プラットフォーム製品（iPhone）・サービス（iTunes Store）の競争力が高いため，ビジネス上の制約がより厳しくても，アップルにも多くの補完プレイヤーが協力している。これは，先行者メリットやプラットフォーム製品自体の魅力の問題である。

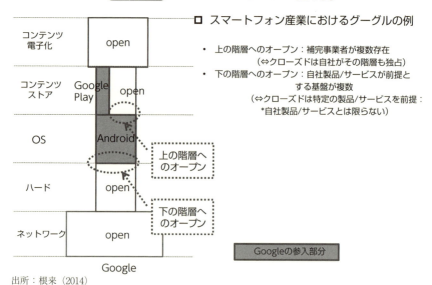

図表1-9　レイヤーのオープン化の例

出所：根来（2014）

▶▶ バリューチェーン構造とレイヤー構造で異なる独占崩壊の圧力

　次に，バリューチェーン構造で独占に成功した企業とレイヤー構造で独占に成功した企業が，独占的な地位を失うのはどういうことがきっかけになると考えられるか。

　自転車のギアを製造しているシマノは，業界のデファクトスタンダードになって成功を収めた。シマノはほとんどの自転車にギアを供給しており，自転車メーカーはシマノのギアなしには製品を作ることがほぼできない。シマノはバリューチェーン構造のある中間プロセス（部品業界）の独占企業になった。しかし，シマノのギアを選んでいるのはメーカーであって最終消費者ではない（パーツを選んで組み立てるハイエンド自転車ユーザは除く）。したがって消費者の選択による独占崩壊の圧力はかかりにくい。もし独占崩壊が起こるとしたら，もっとも大きい可能性は自社の事業分野に関わるイノベーションへの対応の失敗ということになるだろう。

　一方，レイヤー構造の独占企業の代表として，マイクロソフト社を考えてみよう。マイクロソフトのビジネスは，パソコンというハード，その上のOS，その上のアプリケーションソフトというレイヤー構造の中で，WindowsというOSとOfficeというソフトを独占的に提供してきた。しかし，レイヤー構造においては，その商品を選択するのは最終消費者である。自社が参入するレイヤーとは関係しない下位レイヤーや上位レイヤーの技術変化によって，消費者が何を選択するかが変わり，自社の参入レイヤーのイノベーションがなくても自社参入レイヤーの独占的地位が崩れてしまう可能性がある。

　上位レイヤーの技術変化の代表的な例が「クラウドサービス」の登場で，下位レイヤーの変化の代表例がパソコンからタブレットやスマートフォン（スマホ）への移行である。マイクロソフトはいずれにおいても先行する企業から大きな挑戦を受けている。クラウドの登場で，パッケージソフトとしてのOfficeは必ずしも必要なくなった。またタブレットやスマホの世界では，WindowsOSの優位性はなくなった。ここで，マイクロソフトの独占を崩したのは最終消費者の選択であり，これこそがレイヤー構造のビジネスの大きな特徴といえる。

それに対して，パソコンに CPU をほぼ独占的に供給していたインテルが，スマホやタブレットの台頭によってその独占が崩れたのは，バリューチェーン構造における技術変化の結果である。新たにハードレイヤーに登場したモバイル機器の部品としてインテルのチップは乗り遅れた。ただし，この場合は，最終消費者が直接 CPU チップを選択しているわけでなく，省電力で優れた ARM アーキテクチャーの CPU を選択しているのは，あくまでもバリューチェーンの下流にいるハード企業である。

レイヤー構造における競争は，あるレイヤー内あるいはある業界内の競争だけではなく，エコシステム間の競争を促し，あるレイヤーの変化によって，別レイヤーにおける勝者が変わっていくという新たな競争の形を生み出すことになったのである。

▶▶ ビッグデータ時代の自動車産業の行方

次に長い歴史を持つ巨大産業である自動車産業を見てみよう。自動車がネットワークとつながることで，「車両情報」や「走行情報」，「道路情報」など，膨大な情報を集積して活用する「自動車ビッグデータ時代」が到来しようとしている（図表 1-10）。

「車両情報」（エンジン回転数，スピード，燃費，走行距離，アクセル開度など）や「走行情報」（位置情報，加速度，3 軸回転度，時刻など），「道路情報」（渋滞，所要時間，道路規制など）が分かるとどうなるのか。その面白い例が，2013 年 7 月に損害保険ジャパンが販売を開始した新しいタイプの自動車保険「ドラログ」だ。

保険料を決めるのに，最近では走行距離も勘案するプランなども登場している。しかし，これはあくまで自己申告によるものだった。ドラログは，通信機能を利用したテレマティクスを活用することで，走行距離や運転特性に応じて保険料を算出する「UBI（Usage-based insurance）」という新しいタイプの保険である。「テレマティクス通信ユニット」を装備している日産自動車のリーフなどが対象となっている。

図表1-10　自動車ビッグデータ時代の到来

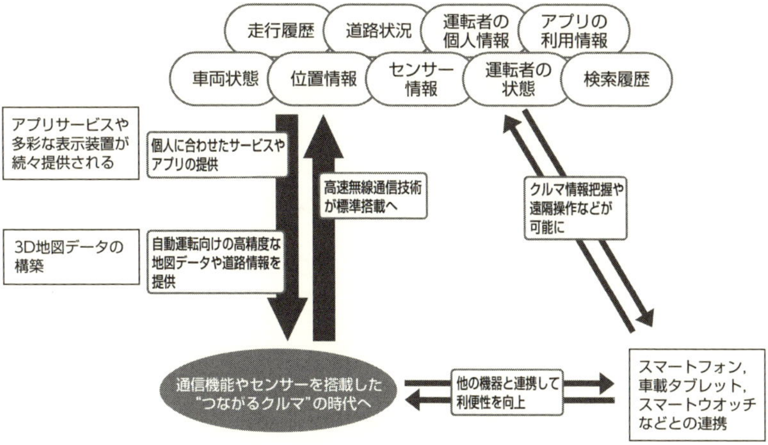

（図：走行履歴、道路状況、運転者の個人情報、アプリの利用情報、車両状態、位置情報、センサー情報、運転者の状態、検索履歴などを中心に、アプリサービスや多彩な表示装置が続々提供される／個人に合わせたサービスやアプリの提供／高速無線通信技術が標準搭載へ／3D地図データの構築／自動運転向けの高精度な地図データや道路情報を提供／クルマ情報把握や遠隔操作などが可能に／通信機能やセンサーを搭載した"つながるクルマ"の時代へ／他の機器と連携して利便性を向上／スマートフォン、車載タブレット、スマートウオッチなどとの連携）

出所：『日経エレクトロニクス』2014年2月17日号をもとに作成

　日本ではまだ走行距離だけだが、米国ではさらに細かい運転行動をデータとして保険会社に送ることで、きめ細かなプランを可能にする自動車保険も登場している。PROGRESSIVEという会社の商品では、車のOBD（On-board diagnostics＝車載自己診断機能）コネクターに機器を接続して、そこから30日間の運転情報を吸い上げ、保険料を算出している。今後、テレマティクス通信ユニットを装着する車が増えれば、こうした自動車保険が広がっていく可能性がある。

▶▶ 自動車産業におけるアップルとグーグルの戦略の違い

　自動車産業においては、インフラとしての道路（産業）とガソリンスタンド以外は、今までレイヤーが分離したビジネスとはなっていない。しかし、自動車産業は、潜在的には、道路とスタンドというインフラレイヤーの上に、筐体としての自動車があり、車載システムや通信機器、データ／サービスが上位レイヤーとなって構成されていると考えることができる（**図表1-11**）。

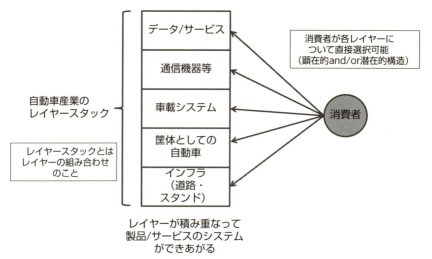

図表1-11 自動車産業における潜在的レイヤー構造

出所：根来（2014）

　テレマティクスの進展によって，車両情報や走行情報，道路情報がネットワークでつながっていくと，それぞれのレイヤーに特化した新たなビジネスが誕生してくる可能性がある。

　例えば，カーナビは，通信機器としての役割を担い始めているが，スマホがこの選択肢に加わる。アップルが2014年春に発表し2015年春頃から使えるようになったCarPlayシステムに対応する自動車では，iPhoneが地図に基づくカーナビや音楽，電話やメールなどの機能をすべて肩代わりする。車のディスプレイでiPhoneの地図を表示したり，届いたメールのメッセージを表示したりできる。メールの読み上げや音声による入力・送信も可能になる。車というレイヤーの上に新たなサービスレイヤーがスマホと結びついて登場したわけである。

　一方，グーグルはAndroid OSを車に組み込む戦略を進めている。2014年1月に米ラスベガスで開かれた世界最大の家電見本市「コンシューマー・エレクトロニクス・ショー（CES）」において，本田技研工業（以下ホンダ）やゼネラル・モーターズ（GM）など自動車大手4社と米半導体大手エヌビディアがグーグルの携帯向け基本ソフト（OS）「Android」をベースにした自動車向け情報システムの共同開発に乗り出すと表明した。一見，アップルと似た戦略に

見えるが，レイヤー戦略から見ると大きな違いがある。

アップルはあくまでも iOS を開放することなく，独自の車載サービスをモジュールとして提供している。これに対し，グーグルは Android OS を開放することで，自動車会社が Android を利用した自動車の制御システムを構築するだけではなく，車両情報と連携したサービスを展開することを可能にしようとしていると思われる。

ホンダや GM の車が走行すればするほど，多くの車両情報，運行情報を Android OS 経由でサーバに吸い上げることができる。データ収集ビジネスにグーグルが参入する場合，テレマティクスを経由してグーグルが自動車ビッグデータ構築へとビジネスを拡大する道が開けていく可能性がある。

▶▶ グーグルの自動運転への対応

グーグルはハンドルやアクセル，ブレーキを持たない自動運転車を発表して話題になった。狙いは自動運転車の販売ではなく，自動運転のソフトウェアとデータサービスの販売（データ / サービスのレイヤー）にあると筆者は考える（図表 1-12）。自動車会社にこうした情報を販売すると同時に，車のメンテナンスや保険などのカーライフ商品の販売といったサービスの仲介への，グー

図表 1-12　自動車メーカーとグーグルの戦略の違い（自動運転への対応）

	基本的技術指向	他車・他者への対応	適用対象	別の産業への発展	強み
自動車メーカー	「白線と信号機と車間距離さえ分かれば，自動走行は可能」	「周辺の自動車と情報を共有し前方の交通状況などを把握する」	高速道路を優先対応。搭乗人間が最終コントロール権を持つ	現時点で考慮せず	ソフトウェアやサービスの自動車ハードとの統合能力
グーグル	「街を3Dスキャンする＝道路沿いの物体の3次元データを取得する」	「突然飛び出して来る車や自転車，歩行者など，とっさの状況に対応するためには，人工知能を使う」	全道路が最初から対象。完全自動化	ハンドリングロボット＝工場や倉庫や店舗内の3Dデータ，家庭用ロボットの実用化＝部屋の中の3Dデータ	高度なコンピューター演算能力

出所：根来（2014）

ルの新たな進出もありえる。

　トヨタ自動車は，グーグルにデータ／サービスのレイヤーの主導権を握られることを嫌って，グーグル陣営には全面的には参加せず，独自の車載OSと自動運転技術を開発し，さらにデータ蓄積を自社で図っていくことになると筆者は見ている。しかし，自動運転は最大のデータと処理技術を持つ企業が勝利する可能性が高い。その場合，トヨタ自動車は，グーグルと組んだ自動車会社連合に打ち勝つことができるのか，注目される。

▶▶ まとめ：「レイヤー戦略論」とは

　本書では，システムとしての製品の部分を消費者が直接選択して組み合わせることができるようになることを産業のレイヤー化と呼んでいる。供給者から見た場合，レイヤー構造化が進展した産業では，どのレイヤーに参入するのかしないのか，あるいはレイヤーをどれだけ上位レイヤーや下位レイヤーにオープンにするのかクローズドにするのかが勝敗を分けるポイントになってくる。

　レイヤー構造化の進展によって，グーグルのように中間レイヤー（プラットフォームレイヤー）で力を持つプレイヤーが有利になるという構図も浮かび上がってきた。つまり，コンテンツやデータのマーケットプレイスを握る者がエコシステムの中心的な存在となる。

　イノベーションの進展によって土俵替え（基盤ハードの変化）が起こり，それによってレイヤー構造化が進展し，レイヤーの分離が起こり，そこに新たなプレイヤーが登場して，産業の主導権が移動する。レイヤー戦略論とは，上記の流れを見極めて，エコシステム間競争という新しい時代の競争に打ち勝つための戦略を構築する新たな理論的視点である。

　（注）　本章は，根来龍之（2014）「プラットフォームビジネスを巡る攻防」，根来龍之（2015）「プラットフォームビジネスとは」を再構成し，加筆したものである。

引用・参考文献◆

- 加藤和彦（2016）『IoT時代のプラットフォーム競争戦略』中央経済社。
- 國領二郎＋プラットフォームデザインラボ（2011）『創発経営のプラットフォーム：協働の情報基盤づくり』日本経済新聞出版社。
- 出口弘（1996）「社内外の機能連携を重視する：自律分散型組織の戦略的設計」『DIAMONDハーバード・ビジネス・レビュー』4-5月号，pp. 44-53。
- 根来龍之・小川佐千代（2001）『製薬・医療産業の未来戦略』東洋経済新報社
- 根来龍之・藤巻佐和子（2013a）「バリューチェーン戦略論からレイヤー戦略論へ：産業のレイヤー構造化への対応」『早稲田国際経営研究』，No.44, pp. 145-162。
- 根来龍之・藤巻佐和子（2013b）「バリューチェーン戦略論からレイヤー戦略論へ：産業のレイヤー構造化への対応」経営情報学会秋季全国大会要旨集。
- 根来龍之監修　富士通総研・早稲田大学ビジネススクール根来研究室編著（2013）『プラットフォームビジネス最前線』翔泳社。
- 根来龍之（2014）「プラットフォームビジネスを巡る攻防（全9回連載）」2014年4月〜8月，日経Bizアカデミーweb。
- 根来龍之（2015）「プラットフォームビジネスとは」出井伸之監修『進化するプラットフォーム』第2章角川書店。
- Eisenmann, T., G. Parker and M. W. Van Alstyne (2011), "Platform Envelopment," *Strategic Management Journal*, pp. 1270-1285.
- Gawer, A. and M. A. Cusumano (2002), *Platform Leadership: How Intel, Microsoft, and Cisco Drive Industry Innovation*, Harvard Business School Press.（小林敏男監訳（2005）『プラットフォームリーダーシップ：イノベーションを導く新しい経営戦略』有斐閣）
- Hagiu, A. and D. B. Yoffie (2009) "What's Your Google Strategy?" *Harvard Business Review*, April, pp. 74-81（二見聰子訳（2009）「あなたの会社の「グーグル戦略」を考える：マルチサイド・プラットフォームをいかに活用するか」『DIAMONDハーバード・ビジネス・レビュー』8月号，pp. 22-33）
- Rayport, J. F. and J. J. Sviokla (1994) "Managing in the Market" space, *Harvard Business Review*, November-December, pp. 141-150.（樋口泰行訳（1995）「情報流通がビジネスをつくる「空間市場」：マルチメディアによる新たな市場創造」『DIAMONDハーバード・ビジネス・レビュー』2-3月号，pp.81-93）

第2章
市場のレイヤー構造化と競争戦略
―マイクロソフト，アップル，グーグル，アマゾン―

1 レイヤー構造化が進んだOS業界のシェア拡大戦略とは？

　本章では，レイヤー構造化と競争戦略の関係を分析するために，レイヤー構造化が顕著に進んだ市場の事例としてコンピュータの基本ソフトであるOS（オペレーティング・システム）市場とそれに密接に関連するパーソナル・デバイス市場の事例をとりあげる。パーソナル・デバイスとは個人向け情報処理端末のことで，具体的には，PC，タブレット，スマートフォン，電子書籍専用リーダー，ポータブル・メディア・プレーヤー，ゲームコンソールである。OS市場に関連するビジネスのレイヤー構造の変化を時系列で考察し，競合企業の参入戦略を分析することでレイヤー化された業界における競争戦略のメカニズムを明らかにすることが本章の目的である。

　分析の対象となるビジネスは，ハードウェア（パーソナル・デバイス），基本ソフト（OS），アプリケーション，サービス，コンテンツとし，これらは，組み合わされることで最終的な顧客価値を実現するマルチレイヤー構造となっている（図表2-1）。この中でも，基本ソフトの領域では，Windows OSがパーソナル・デバイス（PC）の分野で長らく支配的な地位を維持していた。

　しかし，近年，従来シェアの低かった企業が新しいデバイス向けのOSに参入し，独自OSのシェアを大きく伸ばしている。具体的には，スマートフォンやタブレットにおけるグーグルのAndroidや，アップルのiOSである。これらのデバイスはいまやPCの出荷台数を上回る勢いで成長を続けており，相対的にみればマイクロソフトのWindowsは大きくシェアを落としている。

図表 2-1　OS 市場のマルチレイヤー構造

出所：筆者作成

　このような変化の背景には，OS 市場におけるレイヤー構造が大きく変化したことや，後発企業の参入戦略が成功したことが大きく関わっている。そこで，パーソナル・デバイス向け OS 市場のレイヤー構造がどのように変化してきたかを，まとめておきたい。

2　ウェブサービス技術の進化によるレイヤー構造の変化

▶▶ レイヤー構造変化の契機とは？

　パーソナル・デバイス向け OS 市場のレイヤー構造に大きな変化が起きた契機は，2005年頃に新たなウェブサービス技術が登場したことである。したがって，レイヤー構造の変化を考察するためには，ウェブサービスの進化を分析する必要がある。

▶▶ マイクロソフトの強さとは？：2005年以前のレイヤー構造

図表2-2は，ウェブサービスが大きく進化する前の2005年以前のWindows OSにおける一般的なレイヤー構造を示したものである。

レイヤー構造の一番下には，IntelやAMDのCPUやチップセット，ハードディスク等から構成されるPCハードウェアがあり，その上位のレイヤーでWindow OSが稼働し，さらにその上位レイヤーにアプリケーションがある。OSにはAPI（Application Program Interfaceの略。上位レイヤーのアプリケーションからOSの機能を利用するためのインターフェイス）やアプリケーション開発プラットフォーム（例：マイクロソフトの.NET FrameworkやOracleのJavaなど）が統合されており，それらのインターフェースを利用して上位レイヤーのアプリケーションが開発され，稼働する。そのアプリケーションのさらに上位レイヤーとして文書，音楽，動画など様々なコンテンツが利用される，というマルチレイヤー構造である。

各レイヤーとその依存関係を簡素化して示したのが，図表2-3である。

2005年頃までのレイヤー構造は，図表2-3の通り，補完製品レイヤーにあるアプリケーションはWindows OSのインターフェースを利用して開発され

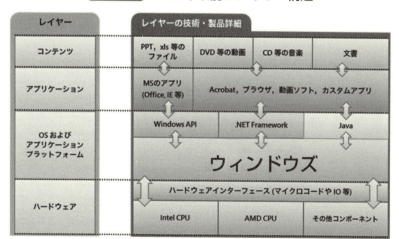

図表2-2 2005年以前のレイヤー構造

出所：筆者作成

ていたため，OSに依存したものとなっている。音楽やDVDの鑑賞，文書の作成には専用アプリケーションを必要とするが，大半のアプリケーションはWindows OS専用に開発されている，という上位レイヤーの下位レイヤーへの依存関係が存在していた。

　依存関係が生じるのは，OSのインターフェースを利用してアプリケーションが開発されていたからである。上位レイヤーのアプリケーションは，OSのインターフェースを利用しなければ開発することができない。したがって，一度特定OSのインターフェースを利用してアプリケーションを開発すると，他のOS用にはゼロから開発しなおす必要がある。そのため，開発者にとっては，Windows OSのアプリケーションを他のOSに移植するスイッチング・コストが非常に大きいだけでなく，Windows以外の複数のOS向けにアプリケーションを開発するマルチホーミングも非常に大きなコストを伴うことになる。また，特定OSで動くアプリケーションのユーザが多いほどデータの共有等が容易になるためにネットワーク効果が働き，ユーザにとっても利便性は高くなる。このようなことから，Windows OS以外のアプリケーションは少なくなり，Windows OSの競争優位が高まり，維持されてきた。

図表2-3　2005年以前の各レイヤーの依存関係図

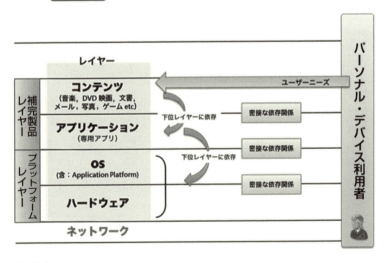

出所：筆者作成

ウェブ技術の進化以前のOS市場の状況について整理すると，以下のようなことがいえる。

（1）ハードウェア，OS，アプリケーション，コンテンツそれぞれのレイヤーで独立しているが，OSはWindows OSのシェアが高く，補完製品レイヤー（アプリケーションおよびコンテンツ）はWindows OSが握るOSレイヤーと密接に依存していた。

（2）Windows OS専用に開発された補完製品は，Windows OSと共に顧客に高い付加価値を提供し，大きなネットワーク効果と高いスイッチング・コストがWindows OSの競争優位を形成，維持していた。

（3）1990年代には，OSの上位レイヤーにプラットフォーム機能を持つ補完製品が登場した場合，マイクロソフトはWindows OSにその機能を取り込む攻撃を実施した。例えば，ウェブブラウザはプラットフォーム性を持つ製品であり，当初はNetscapeのシェアが高かったが，マイクロソフトはWindows OSにInternet Explorerを組み込むことでNetscapeのシェアを奪った。

（4）マイクロソフトは，Windows OSにのみ対応したネットワーク効果を持つ補完製品を自社で提供する。特に，Microsoft Officeはファイルフォーマットによって強力なネットワーク効果を持っており，Microsoft Officeを利用したいためにWindows OSを選択するというユーザが，大半であった。

▶▶ クラウドの台頭：2005年以降のレイヤー構造

2005年以降，HTMLやJava Script，サーバ側のアプリケーション開発技術など，ウェブサービスの分野で大きな技術の進化があった。このような進化は，Web 2.0と呼ばれることもある。これら技術により，**図表2-4**の通り，Windows OSのインターフェースに依存しないレイヤーが追加された。

新しく追加されたアプリケーション・サービスレイヤーとは，①ウェブブラウザもしくはウェブブラウザ型アプリケーションを経由して利用されるインターネット上のアプリケーション，および②アプリケーションやコンテンツを

提供するサービスを行う配信サービスのことである。前者は，OSに依存せずに，サーバ側で処理をし，結果（画面）のみをウェブブラウザ経由で返すタイプのアプリケーションである。マイクロソフトが提供するOffice Web Applicationや，グーグルが提供するGmailが具体例である。後者はアプリケーションやコンテンツの提供，販売，配信および利用者が購入したアプリケーションおよびコンテンツの管理機能を提供する。利用者は，購入したアプリケーションとコンテンツを配信サービスに保存し，いつでも利用することが可能である。アップルのiTunes Storeが具体例である。

このようなウェブサービスは「クラウドコンピューティング」と定義されるもののひとつである。クラウドコンピューティングの登場は1999年に設立された米国のSalesforce.com社が提唱したSaaS（Software as a Service）に遡る。SaaSは，ソフトウェア機能をインターネットなどのネットワーク経由でサービスとして利用する技術である。その後，インターネット経由のアプリケーション開発用のプラットフォームであるPaaS（Platform as a Service），インターネット経由でハードウェアやインフラを提供するIaaS（Infrastructure as a

図表2-4　Web 2.0以降のレイヤー構造

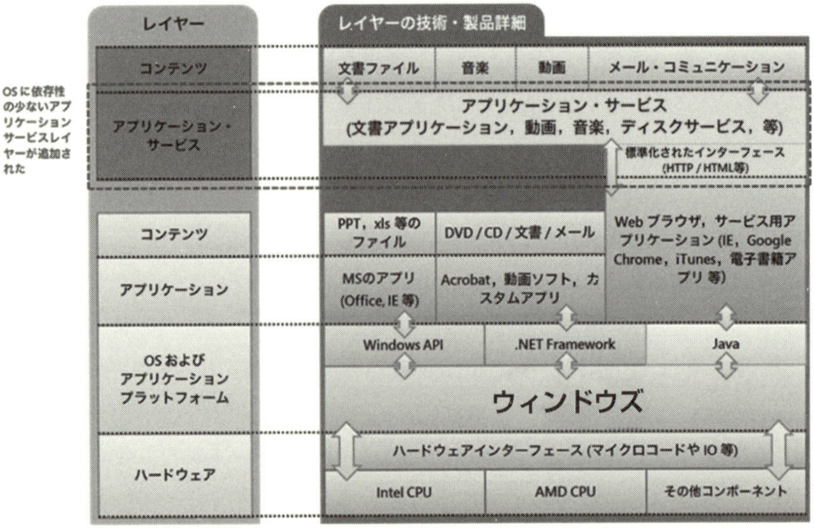

レイヤー	レイヤーの技術・製品詳細		
コンテンツ	文書ファイル	音楽	動画	メール・コミュニケーション
アプリケーション・サービス	アプリケーション・サービス（文書アプリケーション，動画，音楽，ディスクサービス，等）		
			標準化されたインターフェース（HTTP/HTML等）
コンテンツ	PPT, xls等のファイル	DVD/CD/文書/メール	Webブラウザ，サービス用アプリケーション（IE, Google Chrome, iTunes, 電子書籍アプリ 等）
アプリケーション	MSのアプリ（Office, IE等）	Acrobat, 動画ソフト, カスタムアプリ	
OSおよびアプリケーションプラットフォーム	Windows API	.NET Framework	Java
	ウィンドウズ		
	ハードウェアインターフェース（マイクロコードやIO等）		
ハードウェア	Intel CPU	AMD CPU	その他コンポーネント

（OSに依存性の少ないアプリケーションサービスレイヤーが追加された）

出所：筆者作成

Service）などが登場し，独立したレイヤーとしての地位を確立することになる。

図表2-5は，変化したレイヤーの依存関係を表したものである。

これまでと同様にWindows OS専用アプリケーションは存在するが，ウェブブラウザを通じて利用するアプリケーション・サービスが多くの機能を提供するようになった。利用者もコンテンツの閲覧や作成の際に，ウェブブラウザやアプリケーション・サービス専用アプリケーションを利用する形態へと変化した。

また一方で，補完製品を提供する事業者は，ウェブブラウザ経由にすることで特定OSに依存することがなくなり，マルチホーミングコストが下がり，Windows OS以外のOS向けにアプリケーション機能を提供することが可能となった。従来よりも多くの顧客に対して提供することが可能となり，Windows OSのみをターゲットとして開発していたOSのすぐ上のアプリケーションレイヤーよりも，アプリケーション・サービスレイヤーでサービスを開発したり提供したりするインセンティブが大きくなった。

以上を整理すると，パーソナル・デバイスで利用されるアプリケーションもしくはコンテンツがOSプラットフォームと密接に統合していた状況から，新

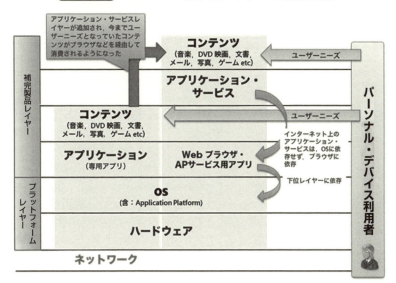

図表2-5 Web 2.0以降のレイヤーの依存関係

出所：筆者作成

しいウェブサービスの技術によりアプリケーション・サービスのレイヤーが追加されるという，OS上のレイヤー構造の変化が生じた。補完事業者としては，様々なアプリケーションを提供する際に，インターネット経由で，OS標準的機能のブラウザ向けに提供すればよくなり，アプリケーション開発でOSのインターフェースを利用する必要がなくなった。

　もちろん，OSのインターフェースを利用したネイティブアプリケーションの方が，動作が速く，機能的にも優れていることが多いため，すべてのアプリケーションがウェブブラウザ経由になるわけではない。しかし，アプリケーション・サービスレイヤーは利用者ニーズの多くをカバーしているため，顧客にとってウェブブラウザで十分である。つまり，2005年以降には，補完事業者が利用者に対して，「OSのインターフェースを利用しない」，「OS機能に依存しない」アプリケーションを開発，提供することが，技術的にも市場環境的にも可能となったといえる。

　このレイヤー構造変化が，利用者，補完事業者，OS企業それぞれに与えた影響は，**図表2-6**のようにまとめることができる。

図表2-6　レイヤー構造変化による影響

	レイヤー構造　変化前	レイヤー構造　変化後
利用者	文書の作成，動画などの鑑賞を行うために必要なほとんどのアプリケーションはWindowsにのみ提供されたため，Windows OSを購入。	Webブラウザさえあれば様々なアプリケーション，コンテンツを利用することができるため，自分にとって魅力的なデバイスを自由に選択可能。
補完事業者	ユーザ数の多いWindowsに対して優先的にアプリケーションを開発。	Windows OSに依存しない標準的なウェブブラウザ経由での提供が可能なため，他OSに対してもアプリケーション・サービスを提供。
OS企業	常に顧客，補完事業者に対して魅力的な，競争力のあるプラットフォーム（OS）を開発，提供することで，イノベーションを促進し，エコシステム維持を図る。	プラットフォーム（OS）の機能を高めても，ブラウザ経由で利用されるアプリケーションや情報に価値があるため，プラットフォームの機能的改善がエコシステム全体としての価値向上に結びつかない。

出所：筆者作成

▶▶ グーグルがとったアプリケーション・サービスに対する戦略

　ここまで考察したようなレイヤー構造の大きな変化を先導してきたのは，多くのアプリケーション・サービスを提供してきたグーグルであるといえる。グーグルは，自社の主要事業である広告収益をあげるために，トラフィックを自社サイトに集め，維持し，スイッチング・コストを高める必要があった。そのため，図表2-7の通り，アプリケーション・サービスのレイヤーに，検索サービス，メールサービス（Gmail），文書作成（Google Docs），ストレージ機能（Google Drive），ソーシャル・ネットワーク（Google+），動画共有サービス（YouTube）など様々なサービスを開発し，提供している。

　これらは，すべてウェブブラウザ経由で利用することが可能なサービスである。スマートフォンやタブレット向けにアプリケーション・サービス専用のアプリケーションが提供されているが，ウェブブラウザだけで利用することが可能である。対応するウェブブラウザが搭載されているすべてのOSやパーソナル・デバイスで利用できるため，利用者はWindows OSを選択する必要はない。

　このように，グーグルは，ネット特有のサービスを提供するだけでなく，

図表2-7　グーグルのアプリケーション・サービスとレイヤー構造

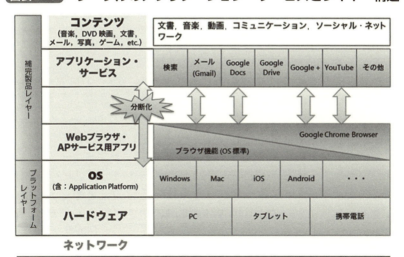

出所：筆者作成

OS 上で OS 機能やインターフェースを利用するアプリケーション機能の多くをアプリケーション・サービスレイヤーで提供することで，利用者の OS に対するロックイン効果を減少させ，どの OS でも利用可能にするレイヤー構造変化を積極的に推進し，OS とアプリケーションの関係を分断する戦略を進めた。

図表 2 - 8 は，グーグルの代表的なアプリケーション・サービスレイヤー上のアプリケーション群もしくはサービス群を示したものである。主要なサービスの多くは，Windows OS 上で提供されていたアプリケーション群である。この表でもわかるように，Windows OS 上のアプリケーションの多くが，ウェブブラウザを経由するアプリケーションとして提供され，これらすべて OS への機能的依存性はない。

図表 2 - 8　グーグルの主なアプリケーション，サービス

グーグルの サービス	内容	Windows OS アプリ
カレンダー	Web 上の予定表サービス	Microsoft Outlook
サイト	ホームページを作成する場所と Web ベースのツールを提供	ホームページ作成ソフト
Google Docs	ウェブブラウザ内で動くオフィスソフト。ワープロ，表計算，プレゼンテーションを提供	Microsoft Office
Google Hangouts	インスタントメッセンジャー。Google トークガジェットによりクライアントをインストールせずウェブブラウザ上から利用可能	Skype
翻訳	テキストの一部分，もしくはウェブページを別の言語に翻訳	コリャ英和！　一発翻訳
Gmail	フリーのメールサービス，および Web ベースクライアント。大容量のメールを保存する事ができ，POP 3，SMTP，IMAP をサポート	Microsoft Outlook（クライアント）
Picasa	デジタル写真管理ソフトウェアと共有サービス	デジカメ写真管理ソフト
YouTube	インターネット上の動画共有と閲覧のサービス。ウェブブラウザのみで閲覧可能	Windows Media Player

出所：筆者作成

このように，グーグルは，「OS＋補完製品＋コンテンツ」という上位レイヤーが下位レイヤーに依存したレイヤー構造から，「OS＋ウェブブラウザ＋補完製品・サービス＋コンテンツ」という依存関係のないレイヤー構造への変化を推進し，OSの価値低下を促した。また，ウェブブラウザで利用できる補完製品・サービスが存在することで，OSレイヤーへの新規参入も容易になった。というのは，補完製品・サービスがOSに依存する構造では，補完製品の少ない新規OSの価値は低くなるが，補完製品・サービスがOSに依存しなければ新規OSでも多くの補完製品・サービスを利用できるからである。そのため，Android OSは無料ではあるが，補完製品が存在しないというPCにおけるLinuxと同じような状況を回避することができた。Android OSには当初からウェブブラウザを経由すれば利用することができる補完製品・サービスが存在しており，その結果，Android OSはパーソナル・デバイス市場で普及することが可能であったと考察できる。

▶▶ まとめ：OSシェア拡大の要因とは？

ここまで，OS市場に関わるレイヤー構造の時系列変化を整理してきた。OS市場においてWindows OSの競争地位が低下した要因は，レイヤー構造変化を起点とする以下の3点にまとめることができる。

(1) 補完製品・サービスのOSへの機能的非依存化

パーソナル・デバイスおよびOSの補完製品であるアプリケーションとコンテンツの多くが，ブラウザ経由で利用可能になったため，補完製品におけるOSへの機能的依存性がなくなった（OS非依存化）。したがって，上位レイヤーの補完製品・サービスに対する選択がOSの選択を限定化しない。

(2) OSプラットフォームおよびそのエコシステム全体の価値低下

顧客価値を形成するアプリケーション・サービスおよびコンテンツがOS非依存であるため，OSそのもののプラットフォーム機能の向上が，上位レイヤーのイノベーションの進展や価値向上につながらず，利用者や補完事業者にとってのOSの価値が相対的に低下する。さらに，従来は，特定のOS

のみで提供されるアプリケーション群がエコシステムを作り，そのOSの価値をさらに向上させていたが，クロスプラットフォームおよびクロスデバイスの補完製品・サービスでは，OSの価値向上が限定的となる。

（3）下位レイヤーからのプラットフォーム包囲戦略の無効化

以前のWindows OSは，OSの地位を脅かす隣接するアプリケーション等をOSに統合することで優位性を維持していたが，脅威となるアプリケーションがOS非依存のため，下位レイヤーからのプラットフォーム包囲戦略が無効化した。

このような3要因により，OSのシェアが劇的に変化することになった。そして，この変化の推進力となったのはグーグルである。グーグルは，従来Windows OS上でのみ提供されていた補完製品・サービスを，ネットワーク経由でウェブブラウザを使って利用可能となるようにした。すべてではないが多くの主要な補完製品・サービスがネットワークとウェブブラウザ経由で利用可能なものに代替され，マイクロソフトの強さの源泉であったエコシステムを破壊し，Windows OSの競争地位低下を促進したと結論づけられる。

3 レイヤー構造化における競争戦略分析のフレームワーク

前節で解説したように，レイヤー構造の変化によって市場の競争環境は大きく変化する。ここでは，引き続きパーソナル・デバイスのOS市場を題材として，なぜマイクロソフトのシェアが低下したのか，どのような参入戦略をとることによってアップル，グーグル，アマゾンがパーソナル・デバイスのOSシェアを獲得できたのか，ということを分析する。参入戦略を分析するためのツールとして，レイヤー構造とデバイスを縦軸と横軸とした「レイヤー×デバイス・マトリックス（LDマトリックス）」という独自の分析フレームワークを利用する。LDマトリックスを使うことで，分析対象の4社が，それぞれのレイヤーおよびデバイスにどのように参入し，シェア獲得に至ったかを時系列でわかりやすく説明することができる。本節では，各企業の分析対象期間を，

①2000〜2002年，②2003〜2005年，③2006〜2008年，④2009〜2010年，⑤2011〜2015年の5期間に分けて分析し，その後，それぞれの企業の2000〜2015年全体における参入戦略を総括する。

参入戦略のメカニズム

はじめに，LDマトリックス（**図表2-9**）のフレームワークを解説する。

LDマトリックスの縦軸は対象となる市場のレイヤー構造を示すものであり，OS市場の場合は，プラットフォームとしてデバイスとOSの2レイヤー，補完製品・サービスとしてOS機能を利用するアプリケーション，アプリケーション・サービス，およびコンテンツの3レイヤーになる。また，横軸はパーソナル・デバイスであり，今回はPC，タブレット，携帯電話（スマートフォン），PMP（パーソナル・メディア・プレーヤー），ゲームコンソール，電子書籍端末の6つになる。

以下の節では，LDマトリックスを用いて，マイクロソフト，アップル，グーグル，アマゾンのOSへの参入戦略およびOSに影響を与える上位レイヤー，下位レイヤーへの参入戦略を時系列で解説していく。各レイヤーの内容

図表2-9 事例分析用レイヤー×デバイス・マトリックス

注：＊はパーソナル・メディア・プレーヤー
出所：筆者作成

図表 2-10　LD マトリックスのレイヤーの定義・説明

レイヤー	定義・説明
デバイス	デバイスレイヤーは，デバイスそのものを指し，OS を含まない状態でのハードウェアとする。現在，市場で提供されている① PC，②タブレット，③スマートフォン（携帯電話），④パーソナル・メディア・プレーヤー，⑤ゲームコンソール，⑥電子書籍端末（専用）とする。
OS（含：アプリケーション・プラットフォーム）	本レイヤーの対象は，Windows OS，OS X，iOS，Chrome OS，Android OS，および特定デバイスに専用の OS が対象となる。
アプリケーション	本レイヤーのアプリケーションは，OS が提供する API やインターフェース，開発フレームワークを利用し，対象の OS 依存の機能を利用したネイティブアプリケーションを指す。
アプリケーション・サービス	本レイヤーは，①ウェブブラウザ，もしくはウェブブラウザ型アプリケーションを経由して利用されるインターネット上のアプリケーション，および②アプリケーションやコンテンツを提供するサービスを行う配信サービスを指す。
コンテンツ	本レイヤーはアプリケーション・サービスを利用して作成，利用，および閲覧される情報を指す。デジタル化された情報すべてを含み，具体的には以下のものである。 電子書籍，音楽，動画・映画，ゲームなどのコンテンツ，ワープロ，表計算，プレゼンテーション用として作成される文書，メール，投稿などでやりとりされる文書やコメント，ニュースなどの情報

出所：筆者作成

は，**図表 2-10**の通りである。

4　LD マトリックスによる戦略分析①　—マイクロソフト

　本節では，分析対象期間2000～2015年におけるマイクロソフトの各レイヤーおよび各デバイスへの参入戦略について，LD マトリックスを用いて時系列で分析する。

▶▶ マイクロソフトの参入戦略を分析する

　2000～2002年のマイクロソフトは，Windows 2000および Windows XP を提

供しており，パーソナル・デバイス用 OS で独占的地位を維持していた。Windows OS 以外の OS シェアがほとんどなかったため，1997年のアップルとの業務提携によって Microsoft Office および Internet Explorer を Mac OS 用に提供をしていた例を除けば，マイクロソフトは自社 Windows OS 以外の補完製品・サービスは提供していない。

　また，Windows OS のクロスデバイス化戦略として，Xbox によるゲームコンソール市場へ参入した。これは様々な分野で自社 OS を広める戦略の一環である。Xbox のアプリケーション・サービスレイヤーでは，他社に先駆け，2002年11月にオンラインサービスの Xbox Live を開始し，オンラインでのゲームコンテンツの提供を行っている。**図表 2-11**が，この時期のマイクロソフトの参入状況を表した LD マトリックスである。

　分析期間②の2003〜2005年は，マイクロソフトはグーグルの検索サービスへの対抗戦略を推進していたため，前期間からレイヤーおよびデバイスへの参入戦略に関して変化はない（**図表 2-12**）。

　2006〜2008年では，アップルの iPod，iPhone，およびグーグルのサービスへ対抗するパーソナル・デバイスとアプリケーション・サービスへの参入戦略が中心となる（**図表 2-13**参照）。

　マイクロソフトは Windows OS をパーソナル・デバイス群へ提供拡大しつつ，Windows Live，Office Live といったアプリケーション・サービスおよびゲーム，音楽，動画のコンテンツについて自社 OS の補完サービスへの参入，提供を開始した。**図表 2-13**に示した通り，新規参入したこれら補完サービスは他社の OS やパーソナル・デバイス群から利用できず，自社 OS およびパーソナル・デバイス製品と統合された補完サービスである。

　2009〜2010年では，参入したパーソナル・デバイスとアプリケーション・サービスの機能的な拡張，検索サービスの Bing の投入など，アップルのデバイスとグーグルのサービスへの対抗戦略が中心である（**図表 2-14**参照）。

　スマートフォン向け OS の Windows Mobile では iPhone に対抗できず，新たに2010年11月に Windows Phone OS を提供開始した。併せて，アプリケーション・サービスレイヤーにアプリケーション配信サービスの Windows Marketplace とコンテンツ配信サービスの Zune Marketplace を提供し，

Windows Phone OS と統合した。マイクロソフトのアプリケーション・サービスは，Xbox，Windows Phone を含む Windows OS と統合され，Windows OS 向けのみのサービスの状況である。

　2011～2015年は，マイクロソフトにおいてこれまで最も大きな参入戦略変更が生じた時期である。2011年10月に Zune を生産中止し，提供を終了した。2012年の Windows 8 リリースに併せ，タブレット用 OS への参入および OS の下位レイヤーである PC とタブレットのデバイスへ参入した。

　2012年には，従来，自社 OS およびデバイスのみ利用可能であった一部の補完製品・サービスについても，他社 OS やデバイスへの対応を開始した。アプリケーション・サービスレイヤーにおける Office Web Application の提供などである。これにより，iPad などの他社デバイスからでもブラウザ経由で Office 機能を利用することが可能になった。

　さらに2014年にはタブレット・携帯電話におけるアプリケーションレイヤーにおいて，「Universal Windows Apps」(ユニバーサルアプリ) という機能をリリースした。これは自社のタブレットや PC 向けの Windows OS およびスマートフォン向けの Windows Phone OS などの API の共通化をすすめ Windows OS 群のクロスデバイス化をすすめた。また Windows OS を搭載したタブレットを製造するハードウェアパートナーに対しては，9型未満のディスプレーを搭載したタブレットには Windows OS の無償提供を開始した。一方で他社 OS に向けた自社の補完製品である Office の提供を開始している。

　前者のタブレット用の Office である Office for iPad および Office for Android に関しては，当初は編集機能を利用する場合は，マイクロソフトのアプリケーション・サービスレイヤーのサービスである Office365 を有償で契約することが条件となっていたが，現在は編集機能も含め基本的な機能に関しては無償で利用できるようになっている。また携帯電話用の Office である Office Mobile に関しては一般のユーザでも非商用に限り無償で利用できるが，ファイルの保存先などは同じくマイクロソフトのアプリケーション・サービスレイヤーにあるストレージサービス OneDrive の利用が必須となる。

　これは，OS の機能向上だけではもはや OS のシェア拡大が難しく，アプリケーション，アプリケーション・サービス，コンテンツの補完製品・サービス

レイヤーにおける利用者シェアを重視した結果と考えられる。

なお、2015年にリリースされたWindows 10ではユニバーサルアプリの機能をさらに強化し、AndroidやiOSなど他社OS用に開発されたアプリケーションをWindowsに容易に移行する開発ツールの提供を開始する予定となっている。他社OSの競争力の源泉であるアプリケーションレイヤーをWindows OSに取り込むことによりOSのシェアを高める戦略もとりはじめている。

このようなマイクロソフトの参入戦略をまとめたのが**図表2-15**である。

▶▶ マイクロソフトの参入戦略のまとめ

これまでのマイクロソフトの参入戦略や活動は、プラットフォームであるOSの高いシェアを使って、隣接する上位レイヤーの競合他社に対してその機能を取り込むプラットフォーム包囲戦略が基本であった。しかし、上位レイヤーの補完製品・サービスがOSに非依存となった状況では、この戦略はもはや有効ではなくなってしまった。

マイクロソフトは、OSが主な収益源であり、各レイヤーに参入するときにもOSの優先度を高く設定しているため、他OSが有利となる参入戦略は実施することが難しい。2011年末までは、レイヤー統合モデル、つまり「自社OS＋自社補完製品・サービス」の組み合わせで製品やサービスを提供してきた。上位の自社補完製品・サービスはWindows OSのみに対応し、他OSには対応していないため、上位の自社補完製品・サービスが非常に競争力のある製品でも、他のOSのユーザには提供できない。新しいデバイスに参入するときには新しいOSが必要だが、新しいOSでも補完製品・サービスを共通化することのできる利用者群がなかったために、例えばWindows Phoneにおいて効果的な参入戦略をとることができなかったと考えられる。

その結果として、2012年を境にアプリケーション・サービスレイヤーでの利用者を増やすことを目的として、Windows OS以外のOSやデバイスでも利用できるクロスデバイス化されたアプリケーション・サービス群、コンテンツ群を提供する戦略へと転換するに至ったと考えることができる。また、新しいデバイスをタイムリーに投入するために、既存エコシステムを破壊してしまう可

図表 2-11 2000〜2002年におけるマイクロソフトの参入状況

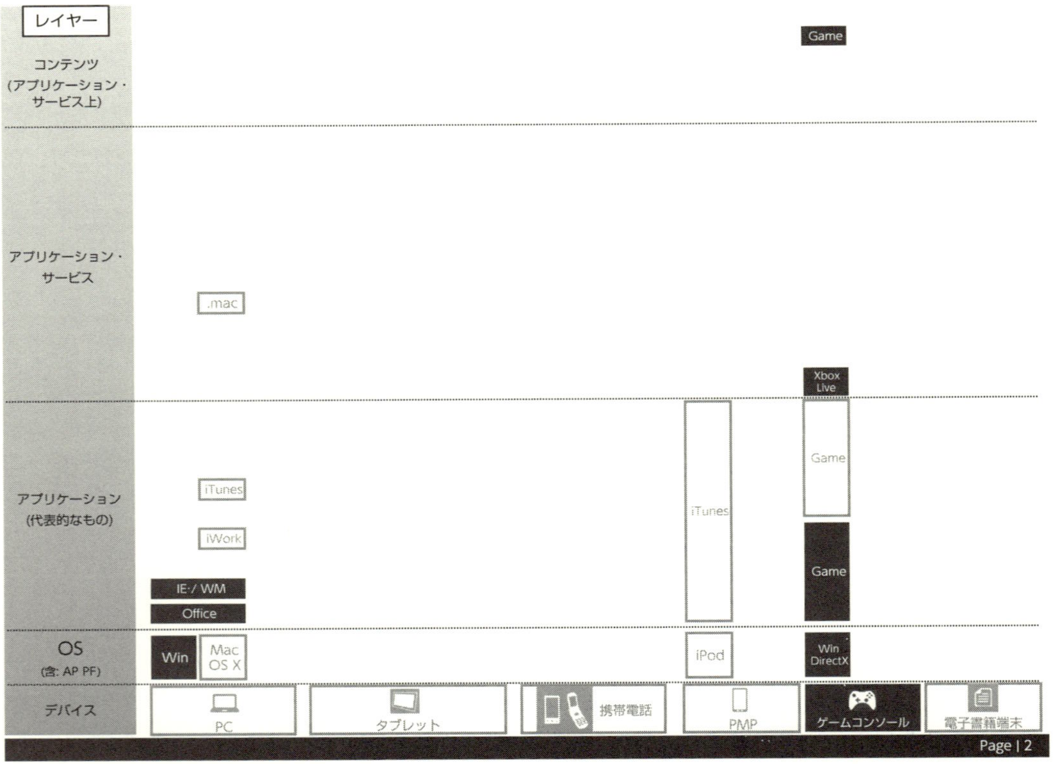

レイヤー	PC	タブレット	携帯電話	PMP	ゲームコンソール	電子書籍端末
コンテンツ（アプリケーション・サービス上）					Game	
アプリケーション・サービス	.mac				Xbox Live	
アプリケーション（代表的なもの）	IE/WM、Office、iTunes、iWork			iTunes	Game	
OS（含. AP PF）	Win、Mac OS X				Win DirectX	
デバイス	PC	タブレット	携帯電話	iPod / PMP	ゲームコンソール	電子書籍端末

出所：筆者作成

図表2-12　2003～2005年におけるマイクロソフトの参入状況

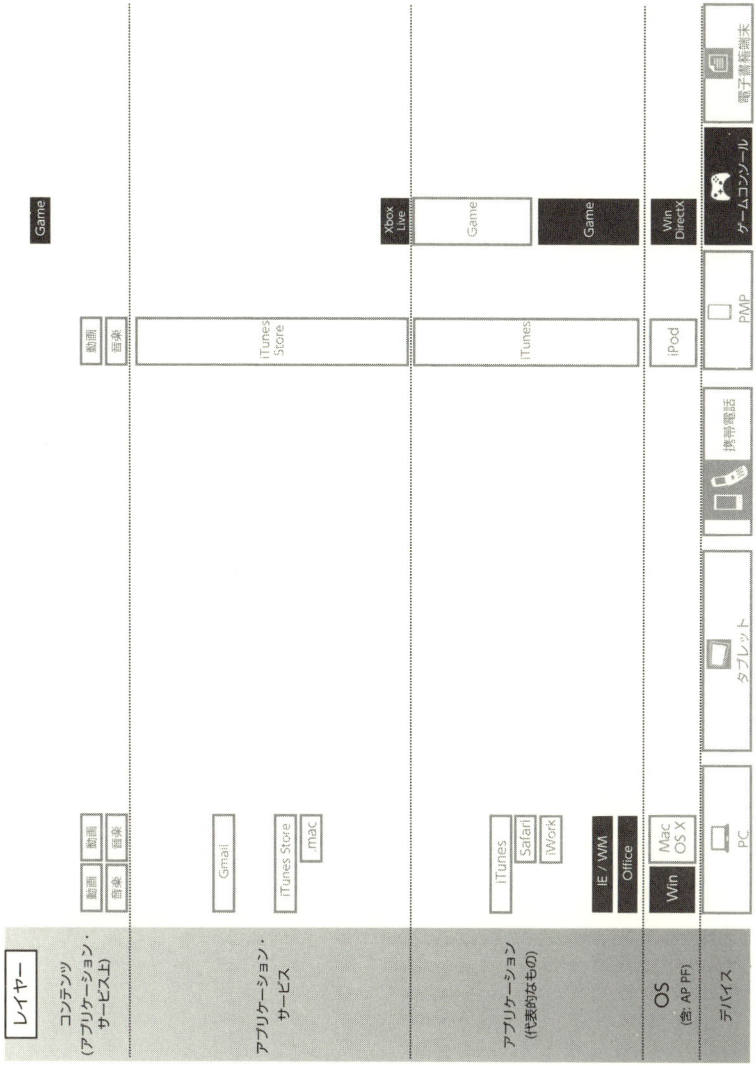
レイヤー
コンテンツ（アプリケーション・サービス上）
アプリケーション・サービス
アプリケーション（代表的なもの）
OS（含 AP PF）
デバイス
動画
音楽
動画
音楽
Gmail
iTunes Store
.mac
iTunes
Safari
iWork
IE / WM
Office
Win
Mac OS X
PC
タブレット
携帯電話
動画
音楽
iTunes Store
iTunes
iPod
PMP
Game
Xbox Live
Game
Game
Win DirectX
ゲームコンソール
電子書籍端末

出所：筆者作成

図表2-13　2006～2008年におけるマイクロソフトの参入状況

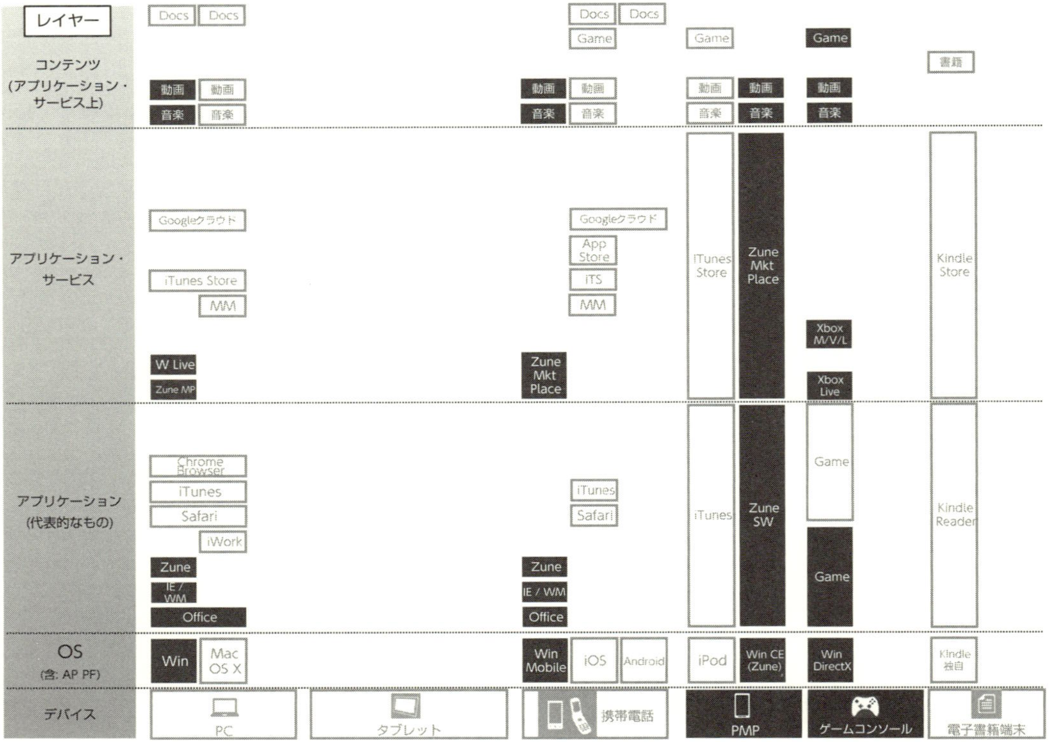

出所：筆者作成

第 2 章　市場のレイヤー構造化と競争戦略

図表 2-14　2009〜2010年におけるマイクロソフトの参入状況

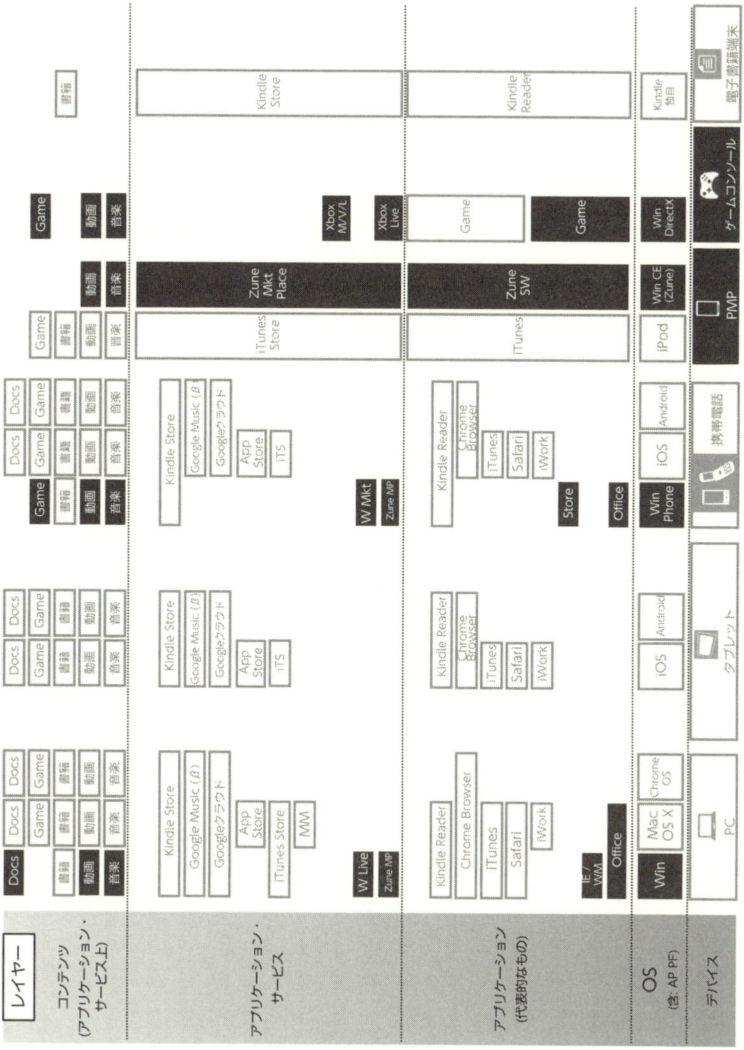

レイヤー					
コンテンツ (アプリケーション・ サービス上)	Docs / Game / 書籍 / 動画 / 音楽	Docs / Game / 書籍 / 動画 / 音楽	Docs / Game / 書籍 / 動画 / 音楽	Game / 書籍 / 動画 / 音楽	書籍
アプリケーション・ サービス	Kindle Store / Google Music(β) / Googleクラウド / App Store / iTunes Store / MM	Kindle Store / Google Music(β) / Googleクラウド / App Store / ITS	Kindle Store / Google Music(β) / Googleクラウド / App Store / ITS	iTunes Store / Zune Mkt Place	Kindle Store
	W Live / Zune MP	W/Mkt / Zune MP		Xbox M/V/L / Xbox Live	
アプリケーション (代表的なもの)	Kindle Reader / Chrome Browser / iTunes / Safari / iWork	Kindle Reader / Chrome Browser / iTunes / Safari / iWork	Kindle Reader / Chrome Browser / iTunes / Safari / iWork	Game / Zune SW	Kindle Reader
	IE / WM / Office	Office			
OS (含 AP PF)	Win / Mac OS X / Chrome OS	Win Phone / iOS / Android	iOS / Android	Win CE (Zune) / Win DirectX	
デバイス	PC	携帯電話	タブレット	PMP / ゲームコンソール	電子書籍端末

出所：筆者作成

図表2-15　2011〜2015年におけるマイクロソフトの参入状況

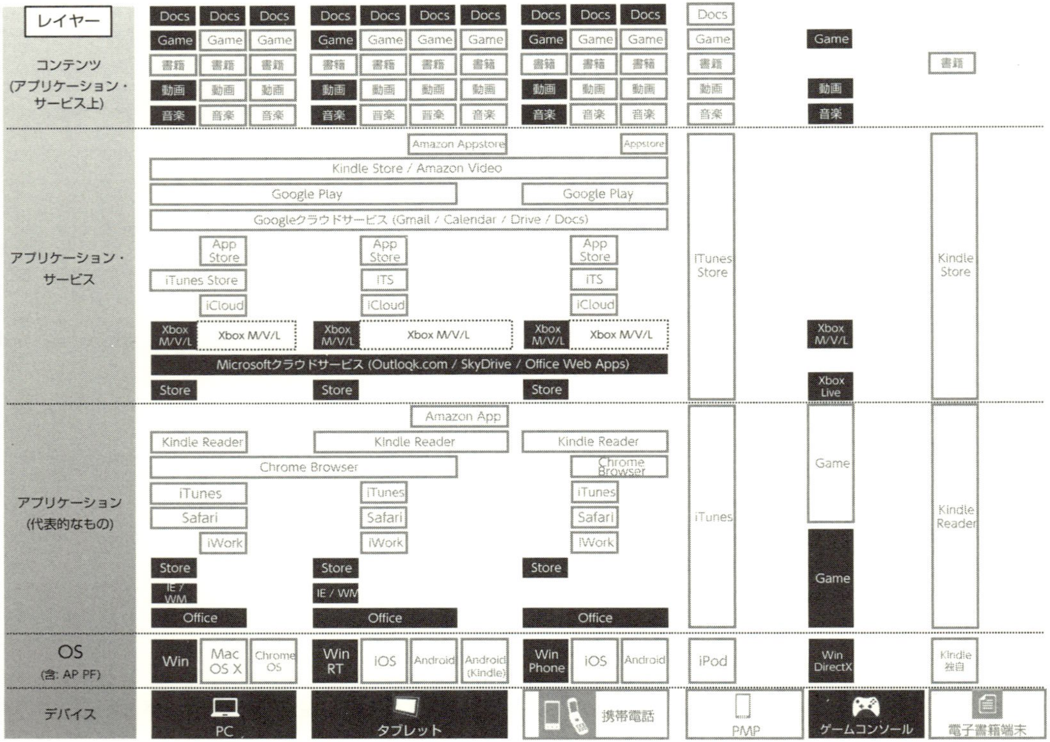

出所：筆者作成

能性はあるものの，自社製デバイスの提供と下位レイヤーへの参入を実施することになった。

このように，マイクロソフトは，パーソナル・デバイスにおいて，OS以外の上位レイヤー（アプリケーション・サービスやコンテンツ）で利用者を獲得し，獲得した利用者を下位レイヤーで共通化するようなOSシェア拡大の戦略へ転換したと考えられる。

5　LDマトリックスによる戦略分析②──アップル

この節では，2000～2015年におけるアップルの各レイヤーおよび各デバイスへの参入戦略について，LDマトリックスを用いて時系列に分析する。

▶▶ アップルの参入戦略を分析する

分析対象期間2000～2015年におけるアップルの各レイヤーおよび各デバイスへの参入戦略について時系列で分析する。

アップルは，2001年1月に発表のMacintoshを中心とした「Digital Hub構想」戦略に基づき，2001年10月にMacintosh専用のパーソナル・メディア・プレーヤーであるiPodを発売した。2000年から2002年の期間では補完サービスのiTunes Storeは提供されておらず，単なるMacintoshの周辺機器の位置づけであった。MacintoshのiTunesでCDをリッピングし，音楽データをiPodに取り込み，iPodで聴くという利用形態であった。またMacintosh用OSをMac OS 9からMac OS Xへと変更した。

2000年から2002年の間，アップルは，レイヤー優先度をMacintoshに置き，自社で自社向け周辺機器を提供し，自社プラットフォームの魅力を高める戦略を推進した（**図表2-16**参照）。この背景には，Windows OSが大きなシェアを持っていたため，Macintosh用の魅力的な補完製品がなかったという事情があったと考えられる。

2003年4月に米国でiTunes Music Store（以降，iTunes Store）を開設し，

iTunes Store，iTunes，iPodでのアプリケーション・サービス，アプリケーション，デバイスのレイヤー統合を行った。また，それまでMacintosh専用だったiPodを，2003年10月のiTunes Windows版の提供により，Windows OSに拡大する戦略をとった。最大の利用者を持つWindows OSへと拡大する戦略により，自社アプリケーション・サービスレイヤーに，Windows OS利用者を取り込むことが可能となった。

このiTunes Store，iTunes，iPodのMacintoshとPCでのクロスデバイス参入戦略が，出荷台数と利用者数を増加させるきっかけとなる。また，当該時期におけるアップルのレイヤー優先度はMacintoshではなくiPodにあったと考えられる。**図表2-17**がこの期間のアップルの参入状況をまとめたものである。

2007年6月，米国で新しいOSであるiOS（当時，iPhone OS）を搭載したiPhoneを発売した。母艦となるPCにiTunesをインストールして接続するというiPodと同じ方法により，iPod利用者のコンテンツをデバイス間で共有可能とした。

iPhone購入者は，これまでiTunes Storeで購入した音楽をiPodとiPhoneで利用可能で，コンテンツのクロスデバイス化により，顧客の共有化を実現し，新しいOSにつきものの補完製品の少なさという問題点を解消し，一般消費者の選択リスクを軽減することが可能となった。また，アップルはiTunesのみならず，Mac OS X標準ウェブブラウザであるSafariをWindows OSへ移植し，2007年6月から提供を開始した。Windows PCとMacintoshのクロスデバイス化戦略により，自社アプリケーション・サービスの拡大を狙っていたと推察される（**図表2-18**参照）。

iPod，iPhoneでパーソナル・デバイスにおけるOS新規参入に成功し，iTunes Storeのコンテンツ配信サービスで成功をおさめた後，さらにパーソナル・デバイスの新形態であるiPadを2010年4月に発売開始した。iPadもこれまでのiPod，iPhoneと同様にiTunesを母艦として利用する形態であり，iPod，iPhone，iPadのデバイス間でコンテンツを共有可能とした。こうしたコンテンツのクロスデバイス化は，アップルの補完サービス利用者に新しいデバイスまたはOSを広げるための拡大戦略となる。

また同様に iPad の場合は，iPhone の成功ですでに様々なアプリケーション，アプリケーション・サービスが提供されていたため，コンテンツのクロスデバイス化同様に，アプリケーションおよびアプリケーション・サービスのクロスデバイス化の実現が可能であった（**図表 2 -19**参照）。

　2010年頃までは，アップルはコンテンツのクロスデバイス化を梃子に，パーソナル・デバイスの OS への参入・拡大戦略を実践してきた。しかし，他社が同様にアプリケーション・サービスを強化しており，アプリケーション配信サービスとコンテンツ配信サービス以外のアプリケーション・サービスレイヤー強化が必要となった。それに対抗するため，自社 OS およびデバイス向けにメール，予定表，連絡先，メモなどをインターネット上で管理することができる iCloud のサービスを2011年10月から開始した。これは，アップル製品の利用者は無償で利用可能なサービスである。**図表 2 -20**は，iCloud の提供を中心とした2011年以降のアップルの参入状況を LD マトリックスにまとめたものである。

▶▶ アップルの参入戦略のまとめ

　当初アップルは，Macintosh と Mac OS の価値を向上させるために，その補完製品として iPod と iTunes を提供した。しかし，Macintosh 利用者数は限定的であり，コンテンツ配信サービスの iTunes Store の利用者拡大は見込めないため，その後，パーソナル・デバイス市場で最も多い利用者を持つ Windows OS に iTunes Store，iTunes，iPod を対応させることで，Windows OS 利用者を自社コンテンツ配信サービスとデバイスの顧客として獲得することに成功した。参入時期にマイクロソフトがコンテンツ配信サービスを提供していなかったために，アップルにとって Windows OS 利用者を獲得することができたのである。

　iPod および iTunes Store の成功により，iTunes Store のコンテンツを購入する Windows OS 利用者は，iPod，iTunes Store から離れることは難しくなる。このコンテンツ配信サービスとコンテンツを梃子としたコンテンツのデバイス間共有化により，自社顧客となった利用者を自社の新しい OS，デバイスと共

通化し，新規参入を効果的に実現した。さらに，新規参入時の補完製品の少なさという課題を解消し，顧客の選択リスクを軽減することにも成功した。同様に，新規参入である iPad が成功したのは，iPhone により増加した自社コンテンツ配信サービス利用者やアプリケーションを，iOS のクロスデバイス化によって iPhone と iPad で共通化できたからである。

　以上のことから，アップルのパーソナル・デバイスにおける OS の新規参入において，他社 OS の利用者を自社のアプリケーション・サービスレイヤーの顧客として獲得し，その自社顧客を新規参入した OS と共通化させたことが成功の要因であると考えられる。さらに，購入したコンテンツによって顧客のスイッチング・コストを上げることで顧客の囲い込みに成功している。

　また，iPhone や iPad のような新しい利用形態のパーソナル・デバイスで成功した要因は，クロスデバイス化によって競争力を持つ自社の OS，アプリケーション，コンテンツを共有化したためであるといえる。アップルは基本的にデバイス，アプリケーション・サービス，コンテンツの各レイヤーを自社で提供するレイヤー統合モデルの戦略をとっているが，iTunes を Windows OS に対応させたという一部オープン化の戦略をとったことがマイクロソフトと大きく異なる点であり，この参入戦略がアップルの成功要因の 1 つとなった。

第 2 章　市場のレイヤー構造化と競争戦略　45

図表 2-16　2000〜2002年におけるアップルの参入状況

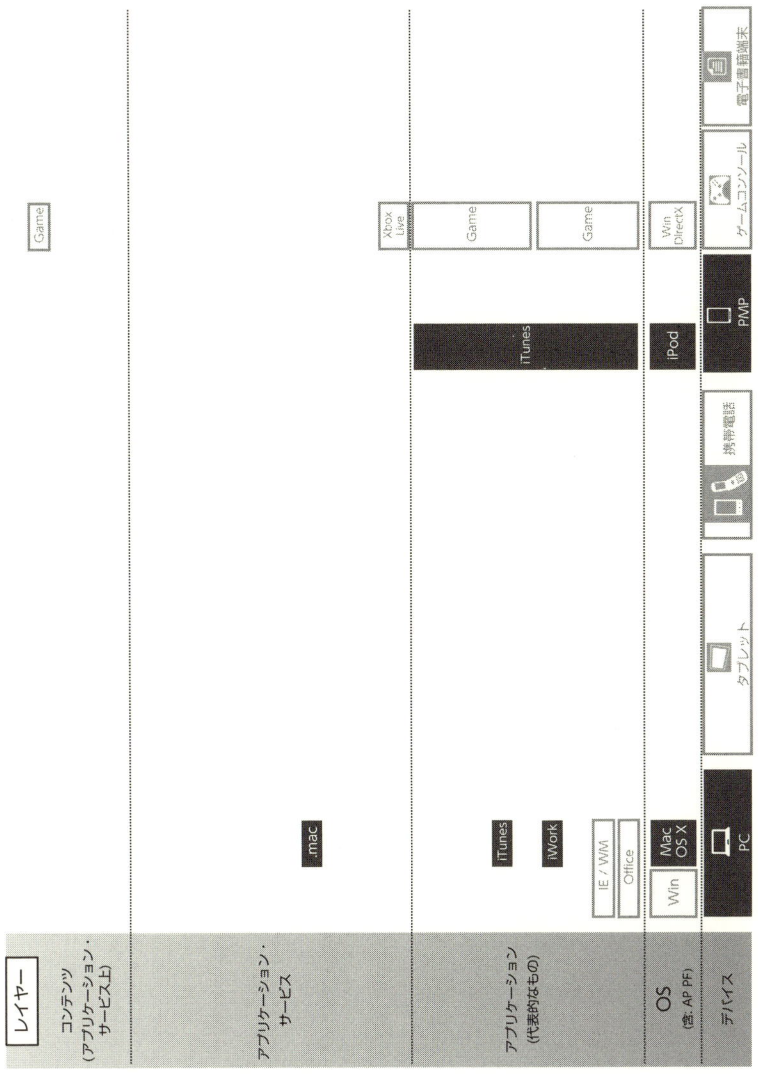

レイヤー							
コンテンツ（アプリケーション・サービス上）				Game			
アプリケーション・サービス	.mac			iTunes			
アプリケーション（代表的なもの）			iTunes / iWork			Xbox Live / Game / Game / Win DirectX	
OS（含. AP PF）			IE / WM / Office / Win / Mac OS X				
デバイス		PC			携帯電話	iPod / PMP	ゲームコンソール / 電子書籍端末
			タブレット				

出所：筆者作成

図表 2-17 2003〜2005年におけるアップルの参入状況

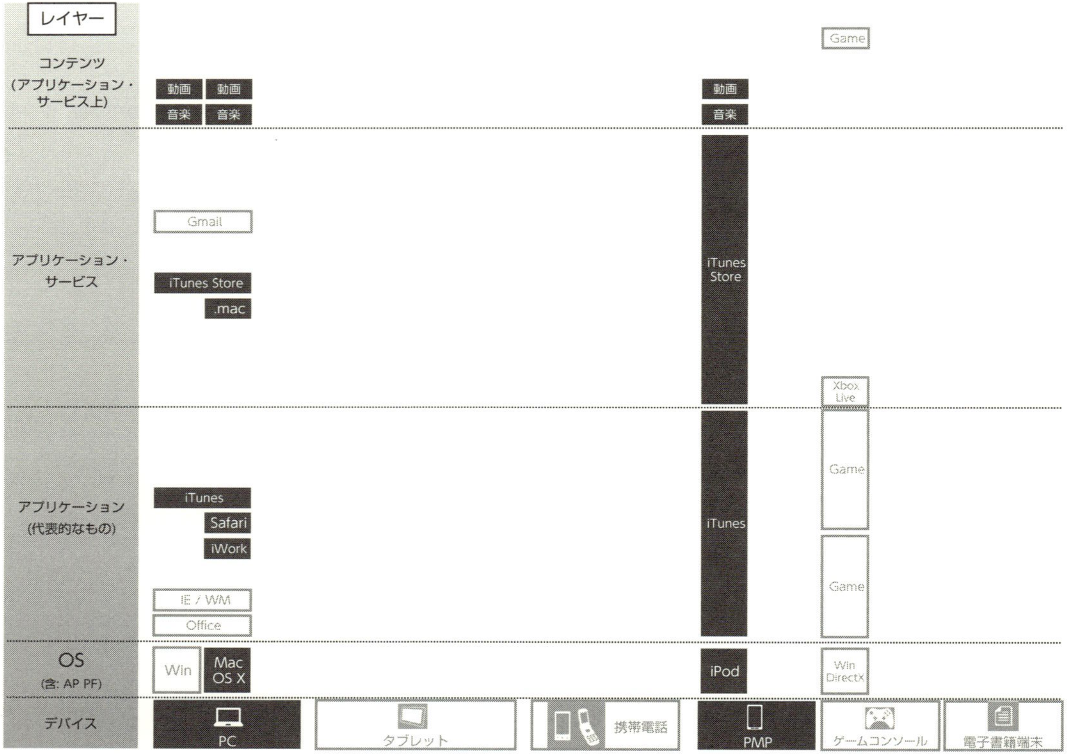

レイヤー									
コンテンツ（アプリケーション・サービス上）	動画 音楽								Game
アプリケーション・サービス		Gmail	iTunes Store .mac						
アプリケーション（代表的なもの）				iTunes Safari iWork	IE / WM Office	Mac OS X			
OS（含: AP PF）					Win				
デバイス				PC		タブレット	携帯電話	iPod PMP	ゲームコンソール 電子書籍端末

（iTunes Store / iTunes / Xbox Live / Game / Win DirectX）

出所：筆者作成

第2章 市場のレイヤー構造化と競争戦略　47

図表 2-18 2006～2008年におけるアップルの参入状況

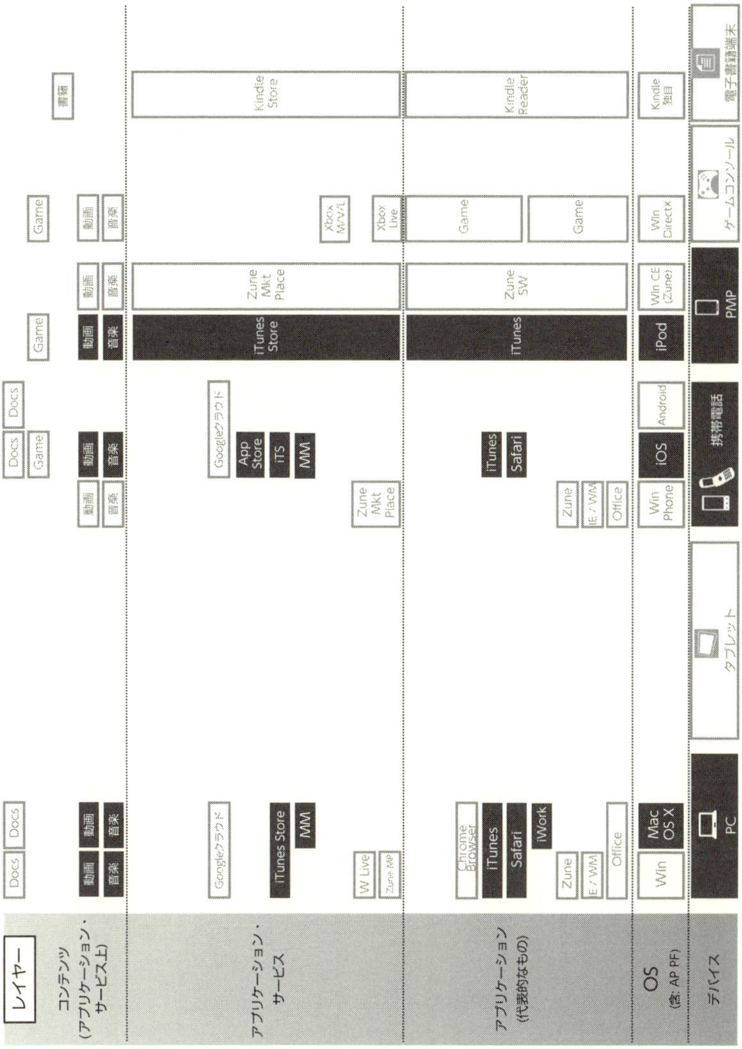

レイヤー							
コンテンツ（アプリケーション・サービス上）	Docs / Docs	動画 / 音楽		Game	動画 / 音楽	Game	書籍
アプリケーション・サービス	Googleクラウド	iTunes Store / MM	W Live / Zune MP	App Store / iTS / MM	Zune Mkt Place	iTunes / Safari	Kindle Store
アプリケーション（代表的なもの）	Chrome Browser / iTunes / Safari / iWork	Zune / IE・WM / Office	Zune Mkt Place	動画 / 音楽	Zune Mkt Place / 動画 / 音楽	Xbox M/V/L / Xbox Live / Game / Game	Kindle Reader
OS（含. AP PF）	Mac OS X	Win			iTunes Store	Zune SW	Win CE (Zune) / Win Direct X	Kindle 独自
デバイス	PC		タブレット	携帯電話	iOS / Win Phone / Android	PMP / iPod	ゲームコンソール	電子書籍端末

出所：筆者作成

図表2-19　2009〜2010年におけるアップルの参入状況

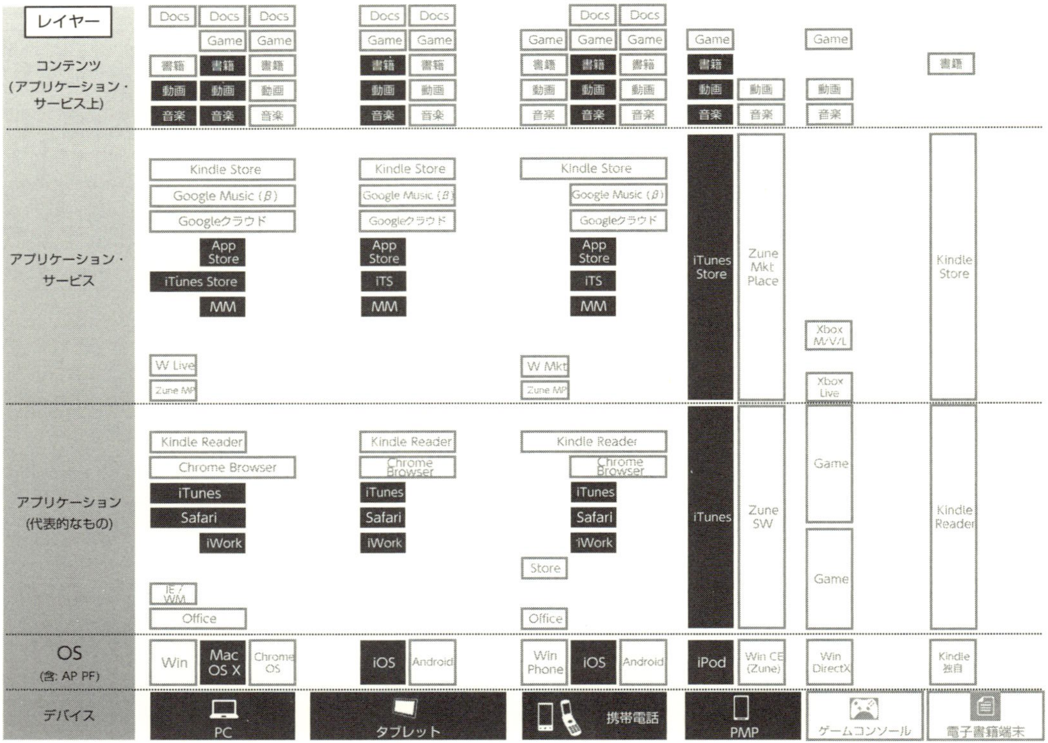

出所：筆者作成

第 2 章 市場のレイヤー構造化と競争戦略　49

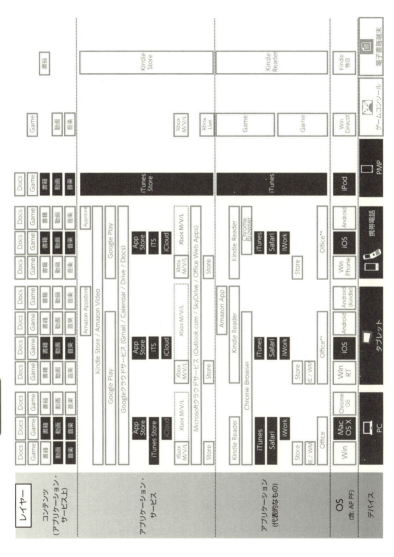

図表 2-20　2011〜2015年におけるアップルの参入状況

出所：筆者作成

6 LDマトリックスによる戦略分析③
　　—グーグル

　この節では，分析対象期間2000〜2015年におけるグーグルの各レイヤーおよび各デバイスへの参入戦略について，時系列で分析する。

▶▶ グーグルの参入戦略を分析する

　2000〜2002年におけるグーグルは，検索サービスとトラフィック集約の強化，および検索サービス収益化を基本戦略としていたこともあり，パーソナル・デバイス，OS，アプリケーション・サービス，コンテンツの各レイヤーに対する参入はなかった（**図表2-21**参照）。

　グーグルは，2004年4月から，Gmailによりアプリケーション・サービスレイヤーへの参入を開始した（**図表2-22**参照）。Gmailは，当時，無償で1GB容量を持つウェブベースのメールサービスで，競合するマイクロソフトのHotmailやYahoo! Mailを凌駕し，多数の利用者を獲得した。

　当時は，ウェブブラウザが利用可能なパーソナル・デバイスはPCだけだったが，Gmailは最大の利用者数を持つWindows OSおよびMacintoshのいずれでも利用可能であった。グーグルにはすでに検索サービスの利用者が多数いたが，使い勝手がよく競争力が高く，スイッチング・コストの高いGmailというアプリケーション・サービスを提供することで，Windows OSとMacintoshの利用者を自社のアプリケーション・サービスレイヤーの利用者として共通化することを図った。

　グーグルは，2006年6月にGoogle Docsの提供を開始した。Google Docsは無償のサービスで，従来，Windows OSの補完製品であるMicrosoft Officeが主流の文書作成ソフトウェアの機能を，ウェブベースで実現する。Gmailを含めて，PCの主な利用用途であったメール，文書作成機能を提供することで，アプリケーション・サービスレイヤーを強化し，Windows OS，Mac OS Xの利用者を自社アプリケーション・サービスの利用者として獲得するのがグーグルの参入戦略であった。また，アプリケーションレイヤーに，Chromeブラウ

ザを2008年9月からWindows OS向けに提供開始した。リリースの翌日の9月17日にNielsen Onlineが「公開後1週間のうちに米国で約200万人がダウンロードした」と発表するほど，当初から多数の利用者を獲得することに成功した。当初は，Windows OS対応のみのため，この200万人はすべてWindows OS利用者である。2006年から2008年のグーグルの参入状況を示したのが**図表2-23**である。

2009年から2010年にかけて，グーグルは，デバイス，OS，アプリケーション，アプリケーション・サービス，コンテンツとすべてのレイヤーに参入した（**図表2-24**参照）。スマートフォンおよびタブレット向けにAndroid OSを提供し，Nexus Oneという名称の自社端末も販売開始した。さらに，PC用OSであるChrome OSを2009年11月に提供開始し，Chromeブラウザもクロスデバイス化してWindows OS以外でも利用できるようにした。

Google Music（ベータ版）の提供でコンテンツ配信サービスに参入する一方，アプリケーション・サービスレイヤーのサービス群をクロスデバイス化で提供し，多数の利用者を獲得した。これらアプリケーション・サービスレイヤーの強化によって他のOSを利用する多数の利用者を獲得し，その利用者に対して自社のOSやパーソナル・デバイスへ移行させるという戦略をとったのである。

2011〜2015年のグーグルは，アプリケーション・サービスレイヤー強化の一環として，それまでグーグル内で混沌としていたコンテンツ配信サービスをGoogle Playに統一した（2012年3月）。音楽，動画，電子書籍，Android向けアプリケーションの配信サービスを1つのブランドとし，顧客購買プロセスの統一を図った。また，多数の利用者を持つメール，カレンダー，文書作成の機能を強化し，文書作成はGoogle Driveと統合してさらに利便性を向上させた。アプリケーション・サービスレイヤーの各サービスは，すべてクロスデバイス化され，Windows OS，OS X，iOS，Android用のウェブブラウザまたは専用アプリケーションで利用可能となった。デバイスでは，Nexusシリーズでのタブレット，スマートフォンへ本格参入し，グーグルのサービス群を最も使いやすいデバイスとして提供し，他OSからの移行を促す戦略をとった。このような参入戦略をまとめたのが，**図表2-25**である。

▶▶ グーグルの参入戦略のまとめ

　グーグルの主力ビジネスは検索サービスだが，検索サービスのスイッチング・コストは低く，利用者を囲い込むことが難しい。この問題を解決するために，グーグルはアプリケーション・サービスレイヤーに参入し，無償で競争力の高いサービス群を提供した。Gmail やカレンダーなど，Microsoft Office を利用せずウェブブラウザのみで文書作成や表計算が可能なサービスは，データが蓄積されればされるほど他のサービスやアプリケーションへ移行することが難しくなる。つまり，グーグルは，OS に依存しないアプリケーション・サービスレイヤーにスイッチング・コストの高いサービス群を提供することで，競争力のある Windows OS から攻撃を受けることなく，多数の利用者を獲得することができた。

　OS 非依存のアプリケーション・サービスレイヤーに参入し，他 OS の利用者を自社の顧客とする戦略はアップルと同様であるが，アプリケーション・サービスレイヤーの中でも，アップルはコンテンツ配信サービスを梃子としたのに対して，グーグルはアプリケーション型サービスを梃子とした点が異なっている。グーグルは，従来 OS の補完製品であったアプリケーション群もしくは機能をアプリケーション・サービスレイヤーで無償提供することで，最大の利用者数を持つ Windows OS と自社アプリケーション・サービスの顧客の共通化を可能としたのである。また，これらアプリケーション型サービスにより，新規参入 OS である Android OS の補完製品の少なさ，顧客の選択リスクの軽減を実現することができた。アプリケーション型サービスを梃子に Android OS はパーソナル・デバイス市場で多くの OS シェアを獲得したが，アップルの iOS との競争においては，アップルが実施したのと同じ戦略をとっている。つまり，グーグルは自社のコンテンツ配信サービスを Google Play に統一し，Android OS に最適化すると共に iOS に対しても自社のコンテンツを提供した。これは，スマートフォンやタブレットにおける大きなシェアを持つ iOS 利用者を，コンテンツ配信サービスを梃子に Android OS へと移行させる戦略である。この戦略は，アップルが Windows OS に対して実施した戦略，つまり，コンテンツ配信サービスおよびコンテンツを梃子として他社 OS 利用者を自社の顧客に共通化する戦略と同じものである。

図表 2-21　2000〜2002年におけるグーグルの参入状況

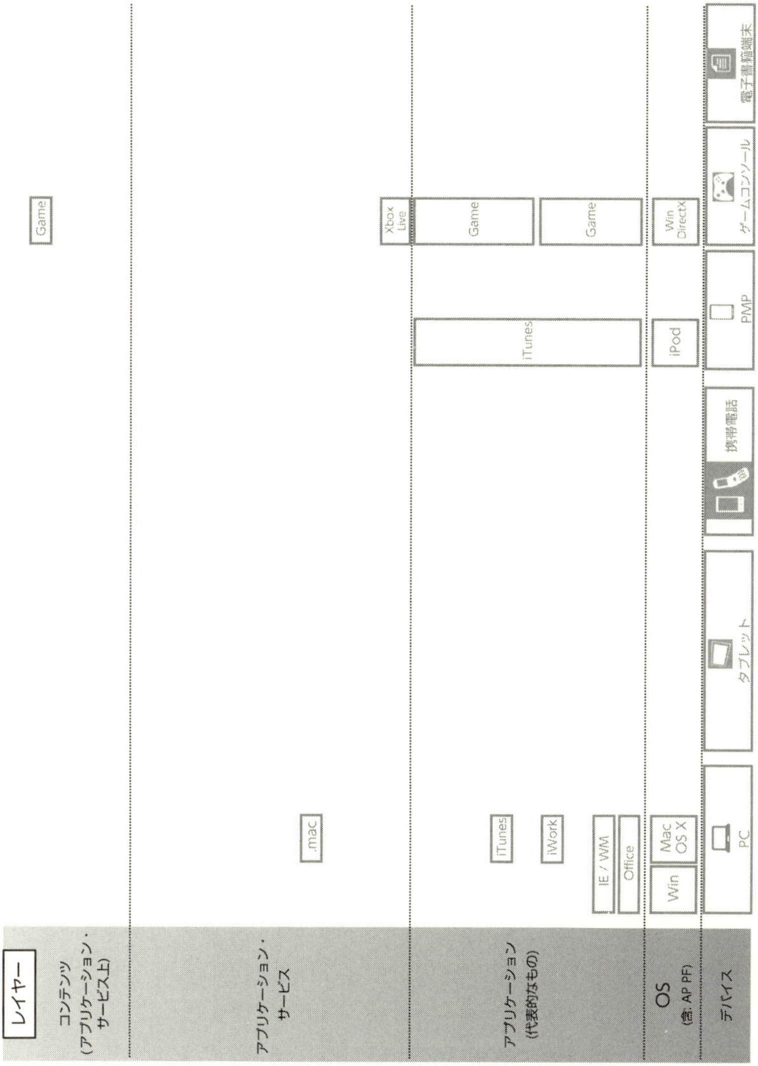

レイヤー							
コンテンツ・アプリケーションサービス（上）						Game	
アプリケーション・サービス		.mac					
アプリケーション（代表的なもの）			iTunes	iWork	iTunes	Xbox Live / Game / Game	
OS (含 AP PF)			IE / WM / Office	Win / Mac OS X			Win DirectX
デバイス		PC		タブレット	携帯電話	iPod / PMP	ゲームコンソール / 電子書籍端末

出所：筆者作成

第2章　市場のレイヤー構造化と競争戦略　53

図表 2-22　2003〜2005年におけるグーグルの参入状況

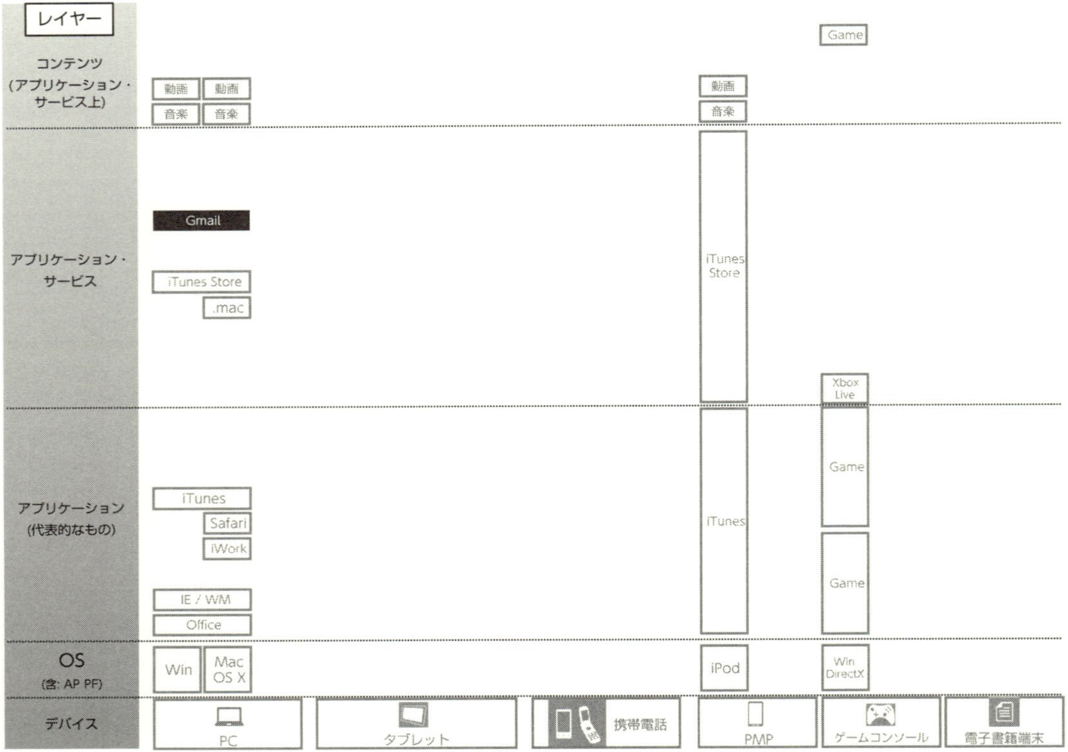

レイヤー							
コンテンツ (アプリケーション・ サービス上)	動画 音楽		動画 音楽		Game		
アプリケーション・ サービス		Gmail	iTunes Store	iTunes Store			
			mac				
アプリケーション (代表的なもの)				iTunes Safari iWork	iTunes	Game	Game
OS (含 AP PF)				IE / WM Office			Win DirectX
	Win			Mac OS X	iPod		Xbox Live
デバイス	PC				PMP	携帯電話	ゲームコンソール	電子書籍端末
				タブレット				

出所：筆者作成

第 2 章　市場のレイヤー構造化と競争戦略　55

図表 2-23　2006〜2008年におけるグーグルの参入状況

出所：筆者作成

図表 2-24 2009〜2010年におけるグーグルの参入状況

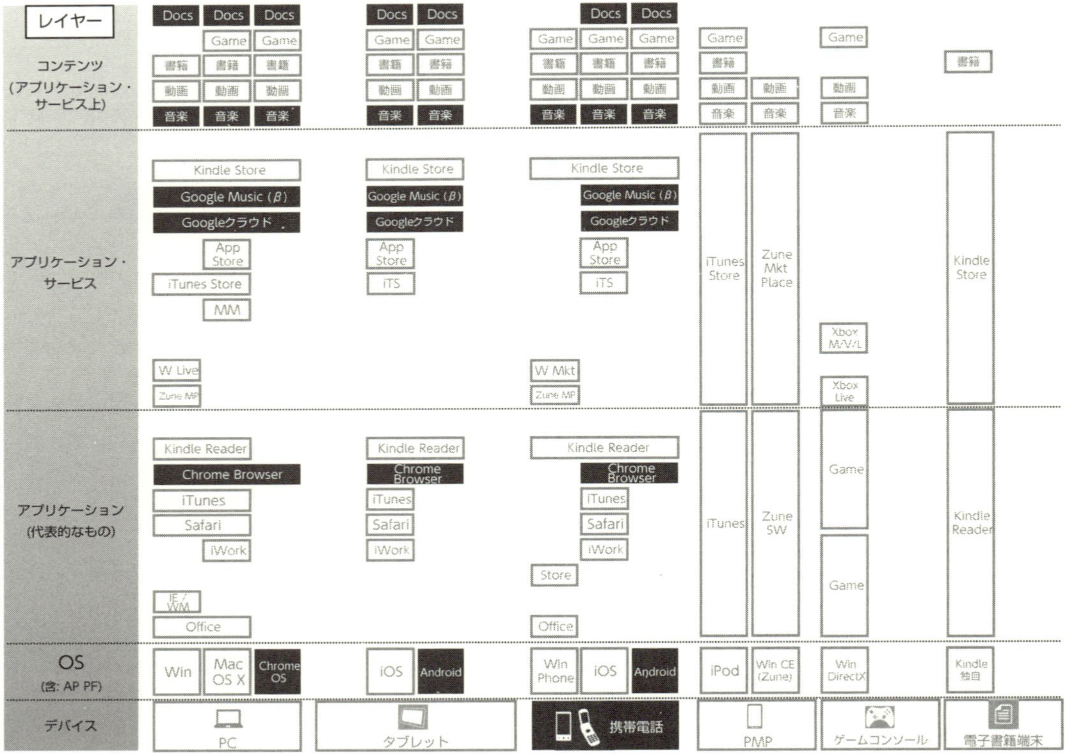

出所：筆者作成

第2章 市場のレイヤー構造化と競争戦略　57

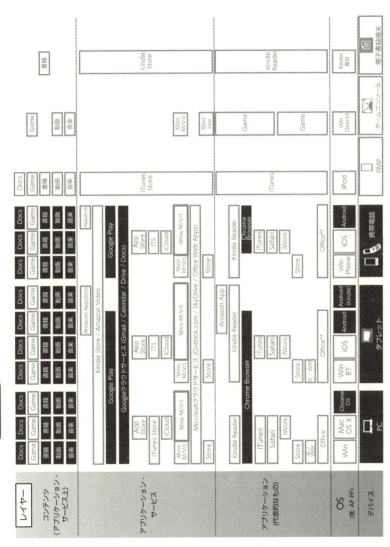

図表2-25　2011～2015年におけるグーグルの参入状況

出所：筆者作成

7 LDマトリックスによる戦略分析④
—アマゾン

　この節では，2000〜2015年におけるアマゾンの各レイヤーおよび各デバイスへの参入戦略について，時系列で分析する。アマゾンは，電子書籍リーダーというデバイスを核としたユニークな戦略を実践している。

▶▶ アマゾンの参入戦略を分析する

　2000〜2002年におけるアマゾンは，インターネットにおける電子商取引事業の強化が戦略の中心であり，パーソナル・デバイス，OS，アプリケーション・サービス，コンテンツの各レイヤーに対する参入はない。また，2003〜2005年においても，前期間同様に，パーソナル・デバイス，OS，アプリケーション・サービス，コンテンツの各レイヤーに対する参入はない（**図表2-26，2-27**参照）。

　2007年11月に，アマゾンは，最初のデバイスとして，電子書籍専用デバイスのKindle端末を提供開始した。併せて，Kindle Storeサイトを開設し，自社の電子書籍デバイスと統合する戦略をとった。2007年9月には，Amazon MP3という音楽ダウンロードの販売サービスを開始し，デジタルコンテンツ販売で，コンテンツレイヤーへ参入している。

　2006〜2008年において，アマゾンは，コンテンツ販売で対価を得るという電子商取引事業を強化する一方で，デバイス，アプリケーション・サービス，コンテンツのレイヤーへ参入を始めたのである（**図表2-28**参照）。

　電子書籍専用デバイスのKindleは，2009年2月に第2世代，2010年8月には第3世代が提供された。それに併せ，コンテンツ配信サービスであるKindle Storeはクロスデバイス化を進めた。Kindle Storeと連携するKindle Readerアプリケーションも開発し，2009年にWindows OS版，iOS版，2010年にOS X版，iPad版，Android版を提供した。購入済み電子書籍コンテンツはKindle Storeに保管され，どのデバイスでも電子書籍コンテンツを閲覧可能である。コンテンツ配信サービスおよびコンテンツのクロスデバイス化に

より，アプリケーション・サービスレイヤーの自社顧客最大化を目的に，アマゾンが提供するデバイス以外の利用者を自社の顧客とする戦略を推進してきた（図表2-29参照）。

アマゾンは，2011年11月に第4世代Kindleを提供すると同時に，タブレットデバイスとして，カスタマイズされたAndroid OSを搭載するKindle Fireも販売開始し，OSとデバイスレイヤーに参入してきた。また2014年にはスマートフォンであるFire Phoneをリリースした。Kindle FireおよびFire Phoneは，アマゾンのアプリケーション・サービスレイヤーであるKindle Store，Amazon App Store，Amazon MP3などと統合され，アマゾンで購入したコンテンツの閲覧を目的とするデバイスとなっている。

しかし一方で，アマゾンが提供するコンテンツはクロスデバイス化され，他のOSやデバイスから閲覧することができる。これは，他のパーソナル・デバイスの利用者を自社コンテンツ配信サービスおよびコンテンツの顧客として獲得し，最終的に自社のデバイスが利用されるようにする戦略であり，コンテンツを梃子としたOSレイヤーへの新規参入戦略であるといえる。これをまとめたのが，図表2-30である。

▶▶ アマゾンの参入戦略のまとめ

アマゾンは電子商取引が主要事業であり，自社経由のコンテンツ販売を増加させるために，OSおよびデバイスといった下位レイヤーに新規参入した。あくまでコンテンツ販売が目的だが，結果として，タブレットデバイスのKindle FireおよびKindle Fire HDは，Androidタブレットの一定のシェアを獲得するに至っている。

アマゾンの基本的な戦略は，自社で提供するコンテンツ配信サービスおよびコンテンツをすべてのOS，デバイスに対応させることで，自社以外のOSやデバイスの利用者を自社アプリケーション・サービスレイヤーの顧客として獲得し，自社のタブレットと顧客を共通化していくことである。これは，電子書籍，音楽，動画といったコンテンツを梃子としたOS参入戦略であるといえる。

この戦略は，アップルの戦略と基本的には同じである。アマゾンのコンテン

ツ配信サービスを利用する顧客は，購入コンテンツがアマゾンのサービス内に保管されるため，アマゾンのサービスをやめることが難しくなる。上位レイヤーの高いスイッチング・コストを利用し，下位レイヤーのOS，デバイスを普及させるという戦略である。

また，Kindle Fire はアマゾンが提供しているアプリケーション・サービスに統合され，搭載OSがAndroid OSではあるものの，グーグルの提供する同様のサービスであるGoogle Playに接続できない。このように，アマゾンは，他OSの利用者を自社コンテンツ配信サービスおよびコンテンツの顧客として共通化し，コンテンツを梃子に自社OS，デバイスに移行させ，他社のサービスを利用できないようにして囲い込む参入戦略をとっている。

第 2 章　市場のレイヤー構造化と競争戦略　61

図表 2-26　2000〜2002年におけるアマゾンの参入状況

レイヤー								
コンテンツ（アプリケーション・サービス上）				Game				
アプリケーション・サービス	.mac							
アプリケーション（代表的なもの）	iTunes / iWork			iTunes	Game			
OS（含. AP PF）	IE/WM, Office / Win, Mac OS X			Xbox Live		iPod	Win DirectX	
デバイス	PC	タブレット	携帯電話			PMP	ゲームコンソール	電子書籍端末

出所：筆者作成

図表 2-27　2003～2005年におけるアマゾンの参入状況

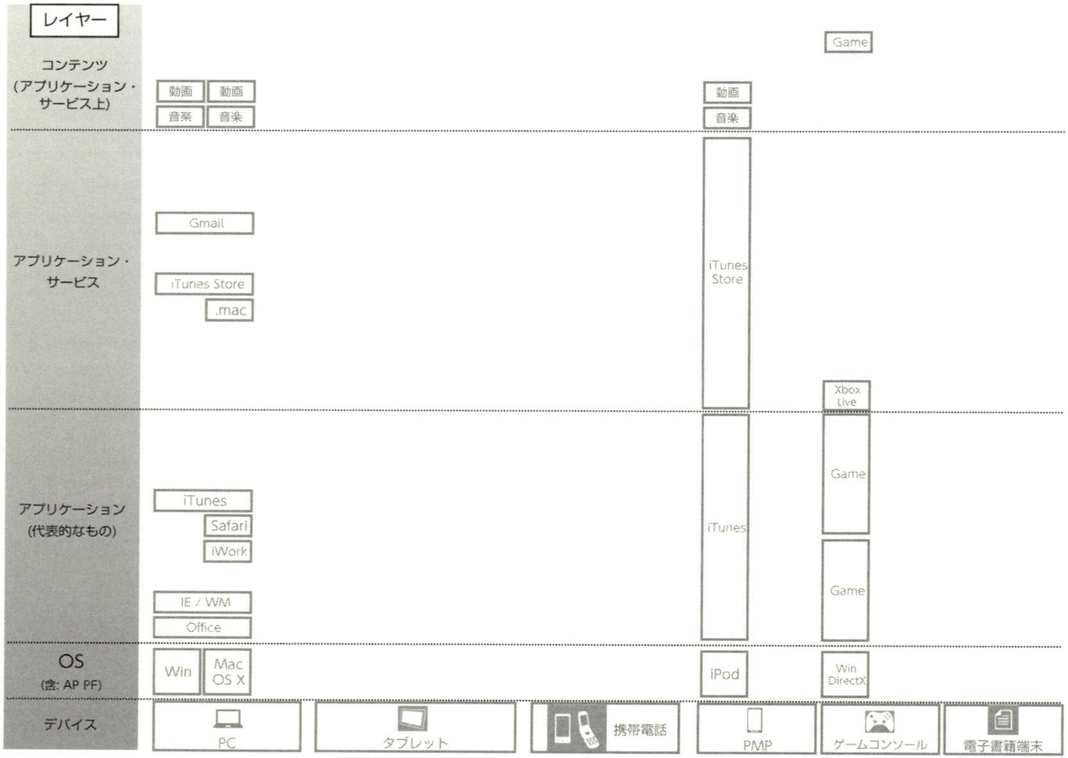
レイヤー
コンテンツ（アプリケーション・サービス上）
アプリケーション・サービス
アプリケーション（代表的なもの）
OS（含: AP PF）
デバイス
動画
音楽
動画
音楽
Gmail
iTunes Store
.mac
iTunes
Safari
iWork
IE / WM
Office
Win
Mac OS X
PC
タブレット
携帯電話
動画
音楽
iTunes Store
iTunes
iPod
PMP
Game
Xbox Live
Game
Game
Win DirectX
ゲームコンソール
電子書籍端末

出所：筆者作成

第2章 市場のレイヤー構造化と競争戦略　63

図表2-28　2006〜2008年におけるアマゾンの参入状況

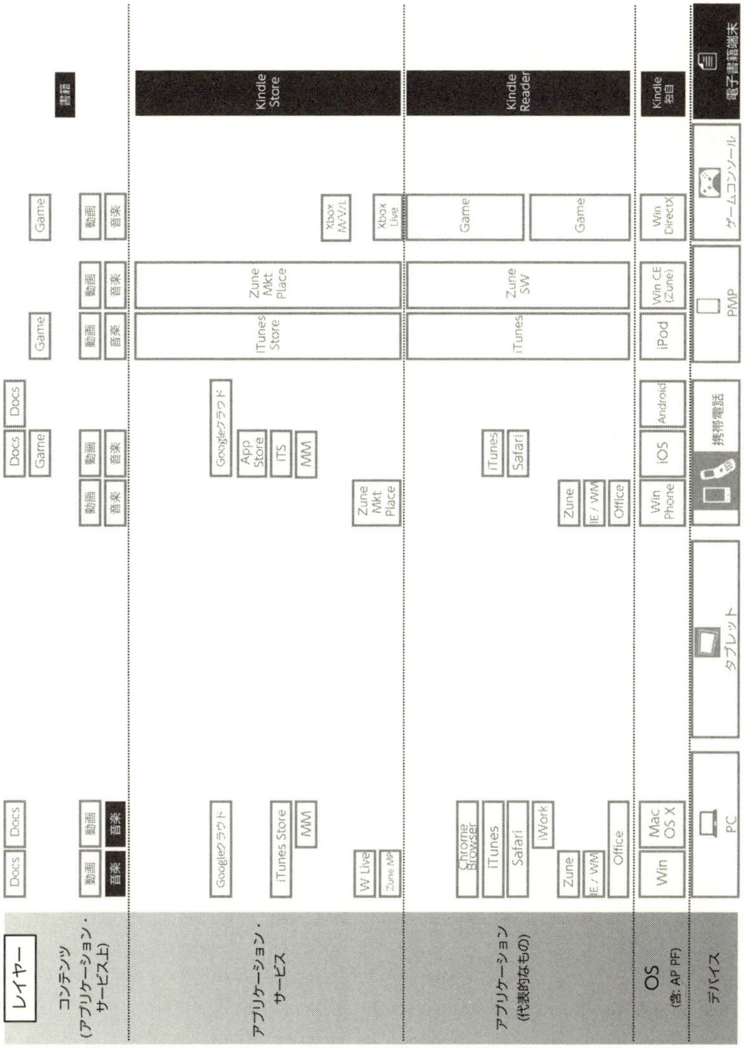

出所：筆者作成

図表2-29 2009〜2010年におけるアマゾンの参入状況

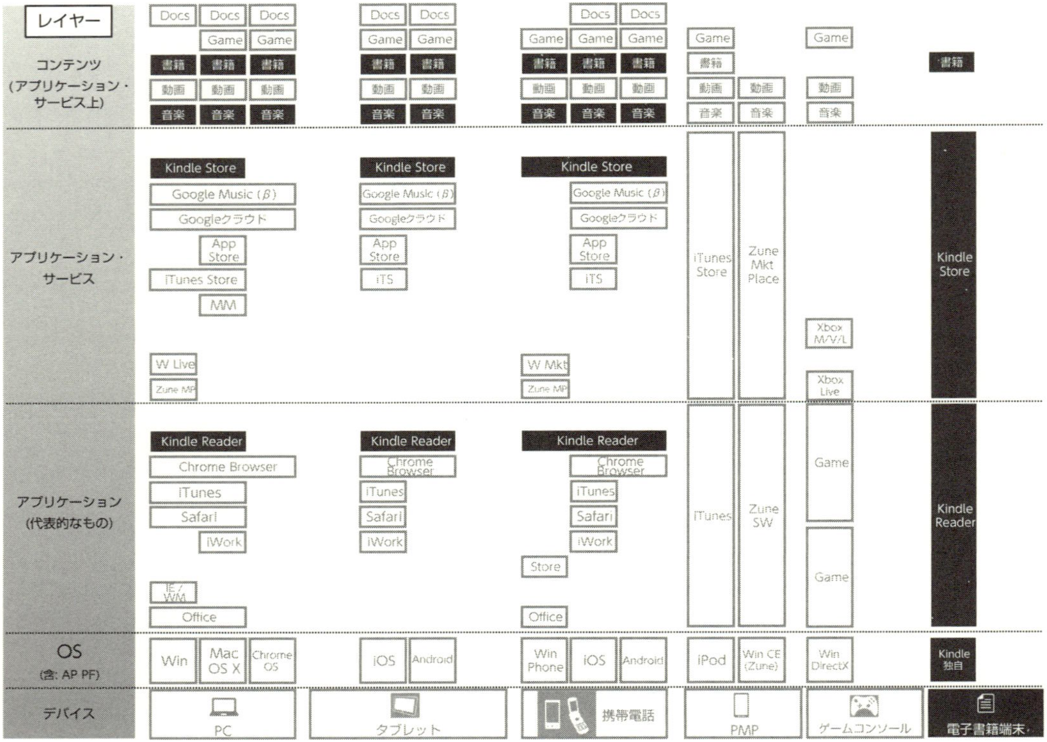

出所：筆者作成

第2章 市場のレイヤー構造化と競争戦略　65

図表2-30　2011〜2015年におけるアマゾンの参入状況

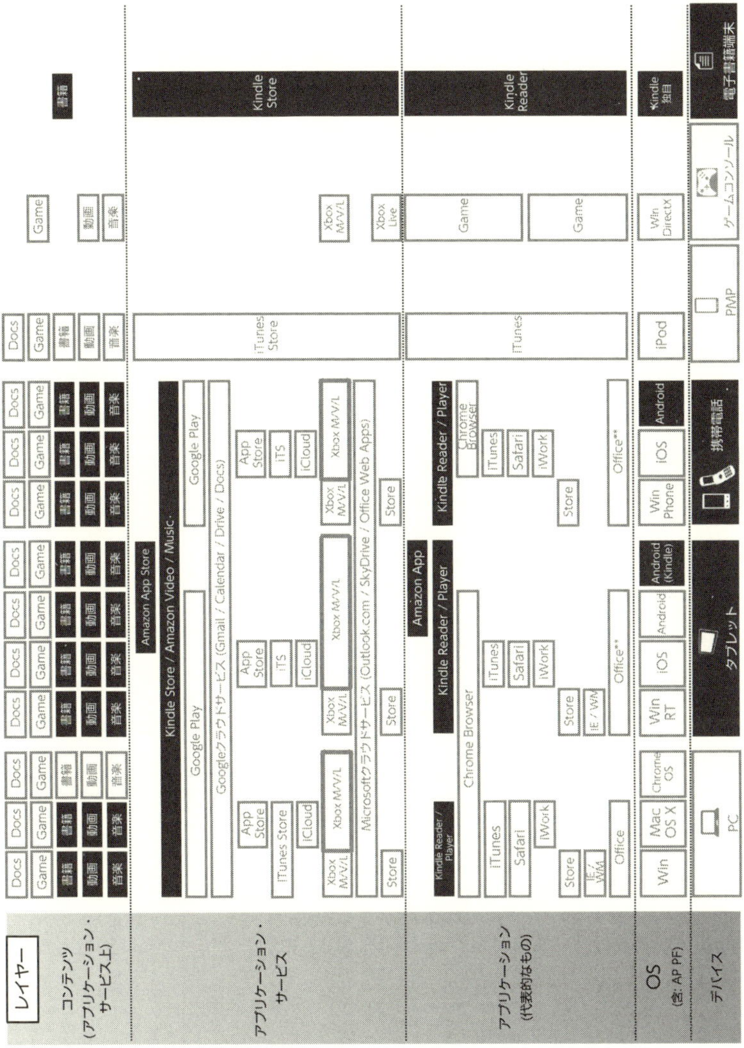

出所：筆者作成

8　OS市場における競争・参入戦略のまとめ

▶▶ レイヤー構造化における競争戦略の3つのポイント

　この章では，パーソナル・デバイスのOS市場を題材として，LDマトリックスというフレームワークを用いて，レイヤー構造化が進むビジネスにおける競争戦略について分析した。OS市場における各社の参入戦略は，以下の3つのポイントにまとめることができる。

(1)　上位レイヤーのクロスデバイス化

　OSに関連する市場はマルチレイヤー化した構造になっているが，OSの上位レイヤーにおいて，OSに依存しない優位性の高いアプリケーション・サービスレイヤーおよびコンテンツレイヤーをクロスデバイス化することができれば，攻撃対象とするOSの利用者を自社アプリケーション・サービスおよびコンテンツレイヤーの利用者と共通化し，利用者数の最大化を図ることができる。

(2)　パーソナル・デバイスの多様化とOSレイヤーへの参入

　戦略(1)を梃子に，従来のOSやデバイスと異なる利用形態を提供するOSもしくはパーソナル・デバイスを市場に提供することで，当該レイヤーに新規参入する。これには，アプリケーション型サービスを推進する戦略（グーグルタイプ）と，コンテンツ配信サービスの優位性を利用するコンテンツを重視する戦略（アップルおよびアマゾンタイプ）がある。

(3)　上位レイヤーをOSと統合することによる顧客基盤の共通化

　この戦略では，パーソナル・デバイス向けOSの上位レイヤーにおいて，確立した優位性の高いアプリケーション・サービスをOS機能の一部として統合する。OSと連携するアプリケーション型サービス，コンテンツ配信サービス，アプリケーション配信サービスといった補完製品・サービスを提供し，顧客価値を向上させることで囲い込みを強化する。また，上位レイヤーと下位レイヤーを統合することで，自社のアプリケーション・サービスの利用者基盤を新

規参入したOSと共通化することにより，OSシェアを向上させる。

マイクロソフト，アップル，グーグル，アマゾンは，上記の3つの戦略を組み合わせることで，アプリケーション型サービスやコンテンツ配信サービスをクロスデバイス化し，他OSの利用者を自社の補完製品・サービスの顧客として共通化することを狙ってきた。既存OSの競争地位を利用した攻撃を回避し，上位レイヤーの優位性を梃子に下位レイヤー（OS）に進出することで，新しいOSのシェアを獲得した。これらは，攻撃対象となるOSの顧客を自社の顧客と共通化し，自社OSへと移行させ，さらに自社OSへ囲い込むという一連の戦略ストーリーにつながっている。

このような戦略ストーリーが実現するのは，前節で解説したように，Web2.0関連技術の普及によって補完製品・サービスのOSへの機能的依存性が低下し，それにともなってプラットフォームとしてのOSとエコシステム全体の価値が低下し，下位レイヤーからのプラットフォーム包囲戦略を実践することができなかった，という背景があったからである。Windows OSは高いネットワーク効果と高いスイッチング・コストを持っていたが，そのような特徴はOS固有のものではなくなり，上位レイヤーのアプリケーション・サービスおよびコンテンツレイヤーの方がより大きく効くようになった。そこで，アップルやグーグル，アマゾンは，上位レイヤーを梃子にして下位レイヤーのOSに新規参入することに成功し，マイクロソフトのシェアを奪ったのである。

▶▶▶ 競争戦略のポイント：レイヤーのオープン化とクローズ化

ここまで説明してきたような参入戦略の考察結果から，新規OSがシェア獲得に成功するためには，アプリケーション・サービスレイヤーに優位性の高いアプリケーション型サービスやコンテンツ配信サービスを構築し，OSと統合するような戦略が重要であることがわかる。この戦略上の課題としては，アプリケーション型サービスとコンテンツ提供サービスのオープン化（オープン）とクローズド化（クローズド）のバランス問題がある。

オープン化もしくはオープンとは，「あるレイヤーに存在する自社の製品やサービスを，他社のプラットフォームで利用可能とすること」をいう。また，

図表2-31　OS市場におけるオープン化・クローズド化の状況

		マイクロソフト		アップル		グーグル		アマゾン	
		A	C	A	C	A	C	A	C
OS（各社の提供するOS）	マイクロソフト	○ アプリ・ブラウザ経由	○ アプリ経由	○ ブラウザ経由	○ iTunes経由	○ アプリ・ブラウザ経由	○ ブラウザ経由	○ アプリ経由	○ アプリ経由
	アップル	○ アプリ・ブラウザ経由	×	◎ 統合	◎ 統合	○ アプリ・ブラウザ経由	○ アプリ経由	△ アプリ経由(OS Xのみ)	○ アプリ経由
	グーグル	△ アプリ・ブラウザ経由(アプリはAndroid OSのみ)	×	×	×	◎ 統合	◎ 統合	×	○ アプリ経由
	アマゾン	×	×	×	×	○ アプリ・ブラウザ経由	○ アプリ経由	◎ 統合	◎ 統合

アプリケーション型サービス(A)・コンテンツ配信サービス(C)

出所：筆者作成

　クローズド化もしくはクローズドとは「あるレイヤーに存在する自社の製品やサービスを，他社のプラットフォームからは利用できず，自らが提供するプラットフォームからのみ利用できるようにすること」をいう。

　この章で分析した4社におけるアプリケーション型サービスおよびコンテンツ配信サービスに関して，OSに対するオープン化とクローズ化の関係を整理すると，**図表2-31**のようになる。これは，縦軸に各社の提供するOSを，横軸に各社が提供するアプリケーション・サービスレイヤーのアプリケーション型サービスおよびコンテンツ配信サービスをとり，OSと各サービス関係をマトリックスで示したものである。

　マイクロソフトはWindows OSで大きなシェアを持つため，アプリケーション型サービスおよびコンテンツ配信サービスを他社OSに対してオープン化してこなかった。一方，グーグルは，すべてのパーソナル・デバイスに対して，アプリケーション型サービスおよびコンテンツ配信サービスをオープンにする戦略をとった。アプリケーション・サービスレイヤーにおけるオープンもしくはクローズドの戦略のこのような違いによって，マイクロソフトはアプリケー

ション・サービスレイヤーで優位性を築くことができず，グーグルはそれを可能にしたと考えることができる。

　自社以外のOSに対しオープンにするかクローズドにするかは，どのレイヤーで収益を上げるかというビジネスモデルの制約から決まる場合が多い。マイクロソフトとアップルはOSもしくはハードウェアを含めたプラットフォームで主な収益を上げ，グーグルとアマゾンは広告もしくはコンテンツ販売で主な収益を上げている。そのため，前者はOSの価値を高めてOSを利用者に購入してもらう必要があるため，アプリケーション・サービスレイヤーをすべてのプラットフォームにオープンにすることは困難である。一方，後者はコンテンツ販売で収益を上げるため，逆にアプリケーション・サービスレイヤーをオープン化してすべてのOSやデバイスに対応することが必要となる。

　このようなビジネスモデル上の制約があることを前提として，OSシェア競争に影響を与える上位レイヤーの優位性を築くためには，自社および他社のOSシェア状況に応じて部分的オープンと部分的クローズドをコントロールする必要がある。優位性の高い上位レイヤーを構築するためには利用者数を最大化させることが必要となるため，下位レイヤーに多くの利用者を抱えるシェアの高いOSに対してはオープンにし，一方，利用者数の少ない他社OSや競合OSに対してはクローズドとして，他社OSを優位にさせないような戦略である。

　例えば，アップルは当初iTunesをMacintosh専用としていたが，iTunes Storeの利用者数を拡大させるためにWindows OSに対応した（Windows OSに対してオープン）。これにより利用者数は一気に増加し，現在では，iTunes Storeは音楽配信サービスの標準的な存在となっている。しかし，Android OSにはiTunesを提供していない（Androidにはクローズド）。これにより，iTunes StoreはWindows OSの顧客を自社の顧客とすることが可能であるが，競合のAndroid OSでは利用できないため，iOS顧客がAndroid OSへ移行することを難しくさせている。

　また，アプリケーション・サービスレイヤーの地図情報サービスで高い優位性を持つグーグルは，利用者数が多いiOSには対応するが（iOSにはオープン），利用者数が少なく，かつ競合するWindows RT（Windowsのタブレット）には対応しない（Windows RTにはクローズド）。このように，他のOSでは利

用できるのに Windows RT で利用できないサービスが多ければ多いほど，利用者にとって Windows RT を選ぶことは大きな不便とリスクをともなうことになり，Android OS のような他の OS から Windows RT に移行することは難しくなる。

　これまで説明してきたように，競争力が高く，優位性のあるアプリケーション・サービスレイヤーの構築と維持，そしてその影響力を利用した OS シェアの獲得・維持のためには，上位レイヤーのアプリケーション・サービスと下位レイヤーの OS の統合のみならず，上位レイヤーの下位レイヤーに対する部分オープン，部分クローズドのコントロールが考慮すべき戦略レバーとなるのである。このことは，OS だけではなく，レイヤー間が相互に依存するレイヤー構造化したすべてのビジネスにおいて共通のポイントとなっている。

第3章 業界別動向①
―ネットビジネス―

1 クラウドコンピューティングとコンピュータ業界

▶▶ クラウドコンピューティングとは何か

　クラウドコンピューティングとは何か。一言で表すと,「インターネット上にあるアプリケーションやストレージなどのコンピュータ資源を,ネットワーク経由で利用すること」である。
　クラウド(Cloud)とは,その名の通り「雲」の意であるが,インターネットを意味していると言ってよい。ICT(情報通信技術)分野においてはインターネットを表現するために雲の図を使うことが通例となっているため,インターネットを経由してアプリケーションなどのコンピュータ資源が「雲の中」から提供されるイメージから,クラウドという言葉が使われている(**図表3－1**)。
　こうした,インターネット上にあるアプリケーションやストレージなどのコンピュータ資源をネットワーク経由で利用可能とするサービスを,クラウドコンピューティングサービス(クラウドサービス)と呼ぶ。

▶▶ クラウドの新規性

　では,クラウドサービスは何が新しいのか。実は,ウェブ上で提供される各

図表3-1　クラウドコンピューティングのイメージ

インターネット上の「どこか」からサービスが提供される

出所：筆者作成

種のアプリケーションは，1990年代後半からASP（Application Service Provider）といった名称で存在している。2000年代後半から多く登場したクラウドサービスが革新的なのは，アプリケーションだけでなく，CPUやストレージといったコンピュータ資源をもインターネット経由で提供するという点である。これまで自前のサーバを用意するか専用のデータセンターを利用することが当たり前だったストレージなどの資源についても，インターネット上で提供され，ネットワーク経由で利用することが実現されているのである。

▶▶ クラウドサービスの具体例：Amazon EC 2

　クラウドサービスの具体例として，Amazon.com子会社のAmazon Web Services（AWS）による，EC 2（Elastic Computing Cloud）というクラウド上で仮想サーバを提供するサービスがある。

　Amazon EC 2は，AWSによると「スケーラブル（柔軟に拡張可能）なクラウド上の仮想サーバ」であり，「規模の変更が可能なコンピュータ処理能力

をクラウド内で提供するウェブサービス」である。仮想的な汎用サーバをクラウド上で提供し，ユーザは自社のアプリケーションをその上で動かすことができる。最大のメリットは，elastic（弾力性のある）というサービス名の通り，その弾力的な拡張・縮小性にある。ユーザは必要に応じて，サーバの資源，能力を必要なだけ使うことができる。例えば繁忙期などサーバへのアクセスが集中する際には増強し，必要なくなれば使用量を減らせばよい。これは，コンピュータ資源を利用者が自ら管理する従来のオンプレミス型では実現が難しかったことである。水やエネルギーと同じように，必要に応じてコンピュータ資源をクラウド上から取り出せる（利用できる）というクラウドコンピューティングのメリットを象徴するサービスである。

EC2の料金は時間で計算され，もっとも安いグレード（t2.nano）では，1時間あたり1円程度（\$0.01, 2016年3月にAWSのウェブサイトにて確認）からである。

クラウドサービスを提供する他の有力なプレイヤーとしてグーグルやマイクロソフト，IBMなども存在するが，これらの企業は大規模なデータセンターを保有して，その資源をクラウドサービスという形で提供している。こうしたプレイヤーのように，大規模データセンターを構築・運用できることが，クラウドサービス提供企業に求められるひとつの条件である。

▶▶ コンピュータ業界におけるレイヤー構造の変化

実はコンピュータ業界では，かねてから（クラウドコンピューティングの登場以前，正確には「オープン化」（汎用機などメーカー独自仕様のシステムから標準規格の組み合わせによるオープン系システムへの移行）が進んでから），レイヤー分離が実現されていた。レイヤー分離がもっとも進んでいる業界といってもよい。典型的なレイヤー構造は，下からハードウェア層（CPU，ストレージ），OS層，ミドルウェア層（データベース，アプリケーション実行環境など），アプリケーション層，データ層，というものである（**図表3-2参照**）。

オープン化が進んだ環境においては，ユーザ企業は，これらの階層について，必要な製品をほぼ自由に選び，組み合わせてシステムを構築することができた。

図表3-2 コンピュータ業界の典型的なレイヤー構造

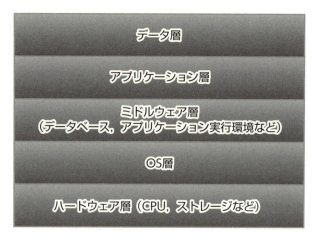

データ層
アプリケーション層
ミドルウェア層
（データベース，アプリケーション実行環境など）
OS層
ハードウェア層（CPU，ストレージなど）

出所：筆者作成

例えば，ハードウェアは数あるベンダーや製品から選択可能であるし，OSはWindowsやLinuxなどから選択可能，という具合である。もちろん，組み合わせは完全に自由ではないし（例えば，ミドルウェアがサポートするOS環境に制限があったりする），システム構築を担当するシステムインテグレーター（SIer）などがレイヤー分離に制約を加えて，ユーザ企業が全く自由に選べないことはあったりするが，基本的にはレイヤーごとに製品を選択して組み合わせてシステムを構築する業界構造である。

では，クラウドコンピューティング（以下，「クラウド」）の登場によって，業界構造の何が変わったのか。ポイントは「所有」から「使用」への移行と，どのレイヤーについてサービス提供を受けるかが選択できるようになった点の2つである。

▶▶ 「所有」から「使用」への移行

「所有」から「使用」への移行とは，オンプレミスではなく，クラウド上からコンピュータ資源のサービス提供を受けることができるようになった点を指す。オンプレミスとは，端的に述べれば，自社内（例えばサーバルームなど）にサー

バ・ハードウェアなどの資産を保有して，その上でシステムを動かすことを意味する。クラウド登場前は，基本的にはこの形態で利用するしかなかった。

それがクラウドの登場により，自社にシステムを置かなくても，インターネットを経由して必要なコンピュータ資源の提供を受けることができるようになった。この大きな変化が実現した背景として，一般的には以下の3つの点が挙げられている。

1つ目は，ハードウェアリソースの価格低下である。「ムーアの法則」で一部予言された通り，CPUやメモリ，HDDといったハードウェアの部品の性能あたりの単価は，下落を続けている。これによって，データセンターの構築コストを下げることができる。なお，ムーアの法則とは，インテル共同創業者のゴードン・ムーアが1965年の論文において示した「集積回路上のトランジスタ数は18ヶ月ごとに倍になる」という経験則である。

2つ目は，データセンター運用における規模の経済である。この特性が働くと，大規模なデータセンターは運用コストを下げることができる。例えば巨大なデータセンターを保有してクラウドサービスを提供しているアマゾン，グーグル，マイクロソフトなどのプレイヤーは，他のプレイヤーと比較して効率よく（すなわち安価に）データセンターのリソースを提供可能である。そして，ここには自己強化サイクルが発生する。安価なサーバリソースを求めて顧客が殺到すれば，その売上を元手に再投資が可能であり，ますます規模の経済が効く，というサイクルである。

3つ目は，インターネットの普及と，回線の高速化である。かつての遅いネットワーク環境では，インターネット経由で業務システムに必要なスピードを出すことが困難であった。それがネットの高速化により，自社内にサーバを保有することなく，インターネット経由でも業務が実施可能となった。

▶▶ レイヤー単位でのサービス選択

クラウドの登場によって大きく変わったポイントの2つ目は，どのレイヤーについてサービス提供を受けるかが選択できるようになった点である。具体的には，ユーザ企業は，それぞれのニーズに応じて，アプリケーション層以下のサービス提供を受けるSaaS（Software as a Service），ミドルウェア以下の

図表3-3 SaaS, PaaS, IaaS

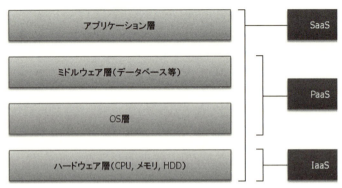

出所：筆者作成

図表3-4 クラウドによるレイヤー構造の変化

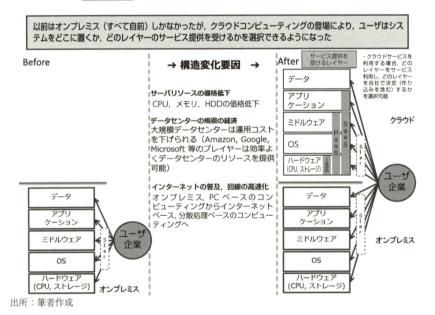

出所：筆者作成

サービス提供を受けるPaaS（Platform as a Service），ハードウェアをサービスとして提供するIaaS（Infrastructure as a Service）の3種類の中から，自社のニーズによって選択可能となった（**図表3-3**）。

クラウドによるコンピュータ業界におけるレイヤー構造の変化をまとめたの

が，**図表3-4**である。

▶▶ クラウドサービスの先行者：Salesforce.com と AWS

(1) SaaS の代表例である Salesforce.com

　Salesforce.com は，SaaS（Software as a Service）の先進的かつ代表的なプレイヤーであり，CRM（Customer Relationship Management：顧客関係管理）分野の各種業務アプリケーションをクラウド上から提供している。本格的な SaaS の提供プレイヤーとしては，世界初といわれている。

　Salesforce.com が提供している各種のアプリケーションには，営業支援（SFA：Sales force automation）アプリケーション（サービス名：Sales Cloud）や，顧客サポート部門が使うアプリケーション（サービス名：Service Cloud）などが含まれる。なお，2014年の CRM ソフトウェア世界市場におけるシェアは16.3％で１位であり（Gartner（2015a）），2013年の日本の CRM 市場におけるシェアは34.2％である（矢野経済研究所（2014））。

　Salesforce.com は，データベース製品で有名なオラクル社の幹部だったマーク・ベニオフが「従来の企業向けソフトウェア技術に代わるオンデマンドの情報管理サービスを作り上げる」というビジョンを実現するために，1999年に設立した企業である。同社では従来の端末にインストールして使う形態のソフトウェアを否定するメッセージ（No Software）を明確に打ち出している（**図表**

図表3-5　Salesforce.com の「No Software」ロゴ

出所：Salesforce.com ホームページ

3-5参照）。

　SaaS型のクラウドサービスで実績があるSalesforce.comだが，PaaSに該当するForce.comというサービスも提供している。これはビジネスアプリケーション（会計，人事など）向けのクラウド上のプラットフォーム（開発基盤）であり，この上でユーザ企業が必要な各種アプリケーションを開発して使う。ユーザ企業はサーバのハードウェアやデータベースなどを個別に購入する必要がなく，クラウド上で提供されるプラットフォームを使い，アプリケーションの開発と利用に専念できる。同社のホームページによれば，13万本以上のアプリケーションがForce.com上で動いている。

(2)　IaaSを代表するAmazon Web Services（AWS）

　Amazon Web Servicesは，米国に本社がある大手通販サイトAmazon.comのビジネス部門のひとつとして，クラウドコンピューティングサービスを提供している子会社である。

　提供している代表的なサービスはすでに説明したAmazon EC2（Elastic Computing Cloud）とAmazon S3（Simple Storage Service）である。これらはIaaSに分類されるサービスである。

　Amazon S3は，ストレージ（データ保管場所，ハードディスク）という，よりプリミティブな要素をクラウド上から提供するサービスである。信頼性は高く，「最大99.999999999％の耐久性と99.99％の可用性でデータを格納します。非常に高い耐障害性を持ちます。すべての不具合はダウンタイムなしにシステムが復旧するようになっています」とAWSは説明している（同社ウェブサイトより）。また，EC2と同じく，スケーラブルであり，利用した分だけが課金される。S3の料金は1Gバイトあたり月間約3.3円（$0.033，2016年3月AWSのウェブサイトで確認）からである。

　これ以外にもAWSは，クラウド上で仮想のリレーショナル・データベースを提供するRDS（Relational Database Service），HadoopやMapRといった分散処理機能を提供するEMR（Elastic MapReduce），プライベートクラウドを提供するVPC（Virtual Private Cloud）など，多数のサービスを展開している。

なお AWS は，米国の調査会社ガートナーの2014年のレポートにおいて，クラウドインフラストラクチャサービス部門で４年連続リーダーに選定されている（Gartner（2015b））。

クラウドのインフラ（IaaS）における，代表的な企業と呼べるだろう。

▶▶ 追いかける IBM，マイクロソフト，グーグル

IBM がコンピュータ業界の巨人であることはいうまでもないが，クラウドコンピューティング対応には乗り遅れた感がある。しかしながら，近年はクラ

図表3-6 IBM クラウド・マーケットプレイス

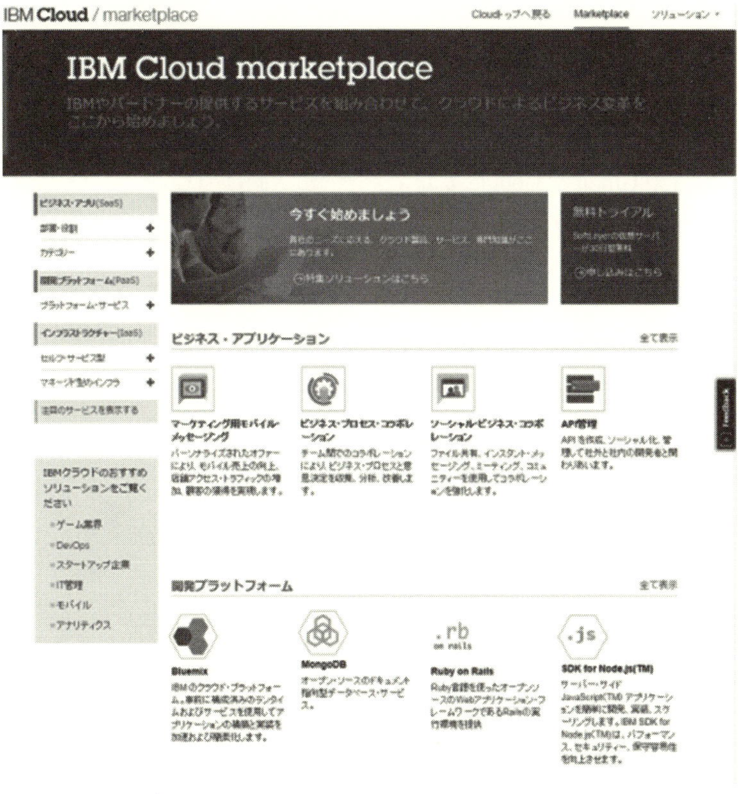

出所：IBM ホームページ

ウド市場での巻き返しを図っている。

例えば2014年9月には，IBMクラウド・マーケットプレイスを開始した（**図表3－6**）。日経BP社の記事によれば，これは，同社や同社の提携企業が提供する各種クラウドサービスをまとめ，Web上から検索，購入できるマーケットプレイスである（井原（2014））。2014年9月時点では，127種類のサービスを提供しており，今後増やしていく予定という。

また，ZDNet Japanの記事によれば，IBMは現在，既存のアプリケーションをクラウド化する「PureApplication」と，クラウドアプリケーションを迅速に開発できる「Bluemix」という2つのPaaSを展開している（松岡（2014））。

そのIBMの次の世代のIT業界の巨人，マイクロソフトもクラウドサービスを積極的に展開して先行プレイヤーを猛追している。旗艦製品となるのがPaaS, IaaSに該当するMicrosoft Azureである。加えて，インストール型で高いシェアを誇る業務ソフトOfficeも現在ではクラウドサービスとしての提供を開始している（サービス名はOffice 365）。

また，グーグルもクラウドを代表する企業の一つである。SaaSとして一般ユーザ向けのGmailやGoogleカレンダー，法人向けのGoogle Appsといった各種のビジネス・アプリケーション，PaaSとしてGoogle App Engine, IaaS/PaaSとしてGoogle Cloud Platformを提供している。

今後は，これらの企業に新規参入企業を加えた競争がさらに激しくなっていくと考えられる。

2　インターネット広告ビジネス

▶▶ デジタル化が進む広告業界

日本の総広告費は，2014年で約6兆円前後にのぼる。景気動向との連動性が強いという特性があり，歴史的に見ると国内GDPの約1％強で推移している。2008年のリーマンショック後に一時的な落ち込みを見せたものの，その後は年

1％程度の微増傾向で市場は成長している。主要な媒体の内訳を見ると，テレビが市場全体の約32％，インターネット約17％，新聞は約10％，雑誌約4％，ラジオ約2％となっている。

一時低迷したものの，いまだその圧倒的なリーチ力が再評価されはじめたテレビ広告市場こそ年々微増を繰り返す底堅さはあるものの，その他のマスメディアは減退傾向にある。特に，新聞や雑誌などのプリント系メディアは過去10年で40％近くその市場を縮小させている。

一方で，インターネット広告市場は2000年代初頭から急伸を続けている。2004年には広告費全体の3％程度（約1,800億円）にも満たなかった市場規模が，インターネットの人々の生活への浸透度と連動するかのように急伸し，2014年時点では市場全体の約17％超（約1兆円）を占める程に拡大した。

そのインターネット広告の内訳は，出稿プランに沿って事前にヤフートップ面などに代表される広告枠を予約購入する「枠売り型広告」（3,139億円/2014年），グーグルに代表される検索連動型広告や，後述のDSPやSSPなどによる自動取引による広告配信を行う「運用型広告」（5,106億円/2014年），バナー広告などの広告制作を行う「広告制作費」（2,274億円/2014年）となっている。従来からある「枠売り型広告」は伸びが横ばいとなる一方で，新興領域である「運用型広告」が急伸することで市場に成長をもたらしている（**図表3-7**）。

長引く不況やSNSなどのソーシャルメディアの台頭，スマートフォンの普及によるよりパーソナルなメディアの発達といった外部環境の変化と，投資に対する費用対効果などの広告主側へのアカウンタビリティ（説明責任）を重視する傾向も定着し，計測がしやすいインターネット広告は重宝され，なおも年8〜10％程度で成長し続けている。

このような広告業界におけるデジタルシフトのトレンドの波は，日本だけでなく世界的にも発生しており，後戻りすることはない。電通は，国内市場では圧倒的なシェア第1位であり，グループでも世界第5位に位置する巨大な広告会社だが，早くからその中期経営計画にも明確にデジタル領域の強化が記されている。さらに，世界市場で電通をも上回る規模の4大メガエージェンシーと呼ばれる巨大な広告会社ホールディングスグループのすべてが，デジタル領域

図表3-7　インターネット広告市場

単位（億円）

年	ディスプレイ	モバイル	検索連動	広告制作費	枠売り型	運用型
2004年	1,634			180		
2005年	1,930	288	590	969		
2006年	2,310	390	930	1,196		
2007年	2,688	621	1,282	1,412		
2008年	2,885	913	1,575	1,610		
2009年	2,707	1,031	1,710	1,621		
2010年	2,841	1,201	2,035	1,670		
2011年	2,827	1,168	2,194	1,873		
2012年				2,051	3,238	3,391
2013年				2,178	3,081	4,122
2014年	8,245			2,274	3,139	5,106

2012年：枠売り型 6,629
2013年：枠売り型 7,203

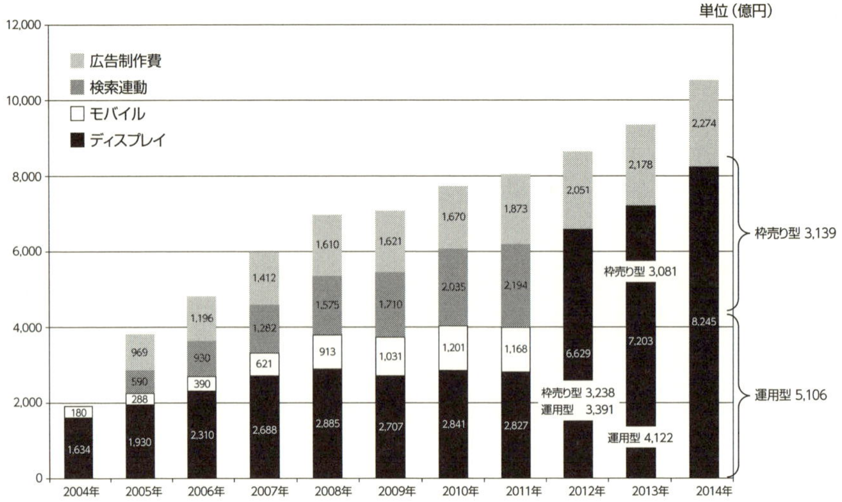

注：2012年以降はセグメント変更。上記「ディスプレイ＋モバイル＋検索連動」が「枠売り型」と「運用型」に
出所：電通「日本の広告費」

を注力事業として標榜している。またP&Gやユニリーバなど世界的な大手広告主も，投資家向け発表など重要な場で「広告予算におけるデジタル比率を高める」と宣言している。もはやマーケティングや広告業務に関わる人間であれば，デジタル領域の重要性は語るまでもないといった状況であるといえる。

▶▶ インターネット広告にも起こったパラダイムシフト

　マスメディアからインターネットへと広告予算のシフトが進んで行く中，2010年ごろより急伸するインターネット広告市場においても大きなパラダイムシフトが発生した。それが広告の配信技術の進化によって可能になった「広告枠」への配信から「広告を閲覧しているオーディエンス（ユーザ）」への配信である。

　従来の枠売り型広告では，広告主は，広告会社とともに，出稿するメディアのユーザ属性から自社ターゲットの潜在を想定してプランを決めた後，決められた広告枠を予約型で購入するスタイルでの取引がなされていた。メディア別

に広告枠を選定して購入し，それぞれの投資効率を把握しやすいことはメリットではあったが，個別に分析を行う手間やコスト，一度枠を購入すると広告効率が悪くても途中段階での改善が難しい（もしくはできない）といった課題が残されていた。広告を掲載するメディア側も，膨大に増え続ける競合メディアとの競争や，一部の人気のある広告枠を除き，買い手の付かない広告枠が増えていきその販売に苦心していた。

そこで登場したのが，「枠から人への配信」を可能にする，広告主（購入者）側の広告効果の最大化を支援するDSP（=Demand Side Platform）とメディア側の広告枠販売の最大化を支援するSSP（=Supply Side Platform）の広告配信プラットフォームである。そのDSPとSSPが広告枠をリアルタイム入札（RTB＝Real Time Bidding）し，取引を行うことで広告を配信する形態は「運用型広告」と呼ばれている。プレミアム枠と呼ばれるヤフーなどの一部の有力枠売り型の広告枠を除いて，この「運用型広告」での出稿が市場の主流となりつつある。

今までのインターネット広告の配信は，テレビや新聞の広告などと同じように，広告枠ごとに予約購入し広告を配信する仕組みであったのに対し，DSPとSSPによるRTBが実現することで，広告枠の一表示ごとに価格を決めて自動的に取引を行うことができるようになった。

▶▶「運用型広告」における広告配信プラットフォームの仕組み

「運用型広告」の仕組みをもう少し詳しく説明すると，広告主は，需要側のプラットフォームであるDSPにあらかじめ自社が望むターゲット（オーディエンス）や入札コスト，広告出稿期間などの基本条件を設定する。条件に合致したオーディエンスが広告配信媒体（メディア）のページを訪れると，メディアは供給者側のプラットフォームであるSSPを通じてオーディエンスの情報と共に広告の入札リクエストをDSPに送る。DSPは，送付されたオーディエンス情報が広告主の設定した条件と合致するかを判別し，合致した場合，あらかじめ設定された価格で入札される。そして，SSPに対して各DSPから入札

図表3-8　運用型広告の仕組み

「DSP」と「SSP」が「RTB」する事で広告配信を行う仕組み。

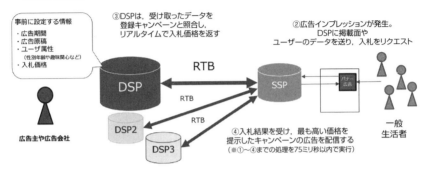

DSP (Demand Side Platform)	広告主側が行う予算や広告入稿，掲載面の管理を一元で行う広告配信のプラットフォーム ユーザ属性などに基づいた最適な広告枠の選定，過去の成果を反映することで行われる配信条件の最適化，といった機能を提供する
SSP (Supply Side Platform)	媒体側の複数のアドネットワーク，アドエクスチェンジを一括で管理するプラットフォーム 販売価格のコントロールなど広告枠の価値を最大化する
RTB (Real Time Bitting)	DSPとSSPでリアルタイムに広告枠の競争入札を行うこと
DMP (Data Management Platform)	インターネット上の様々なサーバに蓄積されるビッグデータや自社サイトのログデータなどを一元管理・分析し，最終的に広告配信を始めとしたアクションプランの最適化を実現するための管理プラットフォーム
1st Party Data	広告主が自身のウェブサイトやリアル店舗などの顧客接点から収集したデータ
2nd Party Data	会員情報や購買履歴などメディアサイド（媒体）のWebサービスが収集しているデータ
3rd Party Data	利用企業の自社データではない外部のデータ。媒体のウェブサイトでDSP事業者や，データを販売する事業者などが収集するクリックなどのデータ

出所：筆者作成

された広告のうち，一番高く入札したDSPが落札し，広告枠に広告主の広告を配信することができるといった仕組みである（**図表3-8**）。

現在市場には様々な特性を持った複数のDSPとSSPが存在している。広告配信媒体（メディア）のページにユーザが訪れる度に，それらのDSPとSSPがミリ秒単位のスピードでリアルタイムに入札を行い，その取引の結果として，広告が表示される。つまり「ターゲットが見ていそうなサイトに広告を出稿する」のではなく，「ターゲットがサイトを訪れたタイミングで瞬時に入札をし，広告を配信する」という世界が繰り広げられているのである。

こうした広告配信技術が生まれた背景には諸説があるが，一説によるとリーマンショックによって失業した優秀なエンジニアが金融界から広告業界に大量に移り，高度な広告配信技術を作り上げたことで，株取引の様にリアルタイムで広告売買を行うことができるようになったといわれている。

▶▶ デジタルマーケティングを変えた広告配信の進化

広告配信の進化は同時に，デジタル領域におけるマーケティングの考え方を変えていった。「どの広告枠」ではなく「どの人」へ（正確には個人ではなくウェブブラウザに蓄積されたデータから類推される性・年齢・趣味嗜好などの個人を特定しない匿名のデータ）という観点で配信ができるということは，年齢・性別や興味関心，さらには自社の製品・サービスへの興味の有無，最近自社のページにどれくらい来てくれているのかなど「広告を届けたい人」をより具体的に定義し，配信することを可能とした。

そうなると次は「届けたい人をどの程度の精度で定義するか」という領域で新たな競争を産む。そこで生まれたのが，DMP（Data Management Platform）と呼ばれるサービスである。DMPはいわゆる「データを貯める箱」のようなイメージで，インターネット上の様々なサーバに蓄積されるビッグデータや広告主の自社サイトのログデータなどを一元管理，分析し，最終的に広告配信を始めとしたアクションプランの最適化を実現するための管理プラットフォームである。

中でも，データ格納先を広告主である企業側で独自で保有するプラット

フォームは「プライベート DMP」と呼ばれるが，そこでは「サードパーティ・データ（第三者保有のデータ）」に加え，自社ウェブサイトのアクセスログや，顧客の購買履歴，CRM（Customer Relationship Management）で管理しているユーザ情報などの「ファーストパーティ・データ（利用企業の自社データ）」を統合的に管理することができる。マーケティング活動全般に活用できるポテンシャルを秘める DMP は，日本では花王などの大手広告主を中心に導入が進み，広告主ごとに自社のビジネスの特性に合わせたより細かなファインチューンが繰り返されている。

これら広告配信技術やそのデータを取り扱う周辺領域も発達し，様々なサービスを組み合わせると，例えば「サイト A で表示された自社の広告をクリックしていないが，その後商品検索を行って自社の EC で購入してくれた」という購買行動があった場合，サイト A はサッカーでいうアシストのような効果があったとして判定し広告効果の測定を行える。T-ポイントカードなどのリアル店舗での購買履歴をベースに，「書店でペット関連の本を買ったユーザにデジタル上でペットフードの広告を配信する」といった広告配信もできるようになっている。

これら一連の仕組みは，単純に効率面の改善のみでなく1990年代に提唱され多くの賛同を得た，顧客を「個」としてとらえ，的確な情報をそれぞれにあった形で届けるワントゥワンのマーケティングを体現する手法として非常に大きな注目を集めている。

▶▶ レイヤー構造の変化：データがデジタルマーケティングの主役に

DSP（需要側プラットフォーム）と SSP（供給側プラットフォーム）が RTB（リアルタイム入札）することで，メディアの広告枠の取引と配信が行われる新しいスタイルが普及していった。そして，その後発展していった DMP の導入がもたらした「広告枠から人への広告配信」は，インターネット広告ビジネスのレイヤー構造にも変化をもたらしつつある。

従来は，広告主は広告会社，場合によって任意のメディアを選ぶことで取引

図表3-9　インターネット広告のレイヤー構造の変化

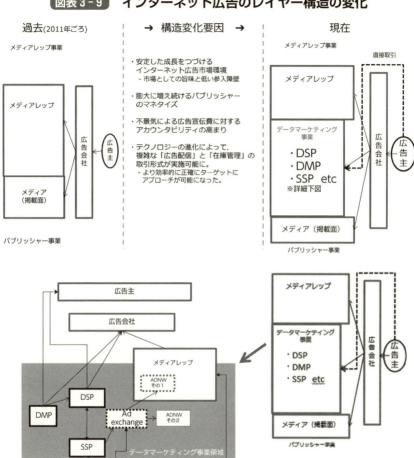

出所：筆者作成

を行っていた。しかし，新しい構造のもとでは，広告主が広告会社と取引しながらも，直接DSPやSSP，DMPといったデータマーケティング事業者とも取引することができるようになっており，さらにそのデータマーケティング事業者間でもケースバイケースで複雑に取引が折り重なる構造となってきている（**図表3-9**参照）。

▶▶ 変化する競争構造と主要プレイヤーの動向

　このような変化の本質は，仕組みやプレイヤーの変化ではなく，競争優位の源泉の変化である。旧来の「どの広告枠を選んで配信するか」では良質な広告枠がもっとも価値がある競争源となっていた。しかし現在の「どのターゲットに配信するか」がデファクトとなりつつある世界では，その基となるデータの保有やアクセシビリティ，データの精度や規模が非常に重要な競争優位の条件となった。

　現在のところ，これらマーケティング上価値のあるデータを保有するのは，広告配信媒体（メディア）側に位置し，「セカンドパーティ・データ」と呼ばれるユーザのデモグラフィック属性や閲覧・購買履歴等を保有するグーグルやアマゾン，フェイスブックなどの有力ウェブサービスである。また，「サードパーティ・データ」と呼ばれる複数の広告主のDSPによる広告配信を行った結果を持つデータマーケティング事業のレイヤーに位置づけられるアドテクノロジー事業者も，重要なデータを保有している。そして，もちろん，広告主企業は，「ファーストパーティ・データ」と呼ばれる会員データや自社サイトへのアクセスデータなどの自社に関するデータを保有している。従来，メディアと広告主の仲介役として市場に君臨していた広告会社はそのいずれも保有していない。

▶▶ ウェブサービス企業の台頭

　グーグルやアマゾン，フェイスブックといったウェブサービス企業は，自社の持つデータを活用し，データマーケティング領域までを垂直的に自らが行うことで，効率的な広告在庫運用や付加価値による自社広告枠の収益増を図る動きを見せている。DSPを運営するデータマーケティング領域のアドテクノロジー事業者は，広告会社との協業関係をうまく進めながらも，自らがDMPやSSPを運営し，そのレイヤー内で事業領域内を垂直に統合し拡げることで一部広告主と直接取引を行うなど市場における存在感を増している。例えば，国内有力プレイヤーであるフリークアウトは，創業わずか4年で東証マザーズに上場を果たすほど急速に成長している。前述の通り広告主は，デジタル領域への

取り組みを強化する中で，旧来型の「メディア→メディアレップ→広告会社」という商流から，データマーケティング領域の企業と直接取引を行う流れも生まれ始めている。

一方で，広告会社や，広告会社とメディアとを仲介しインターネット広告卸問屋的な役割を持つ重要な存在であるメディアレップも，もちろんこの潮流にいち早く取り組んでいる。国内大手の博報堂は，系列会社大手メディアレップであるデジタル・アドバタイジング・コンソーシアムとともに，早くからDSPやSSP，DMPの関連会社を設立している。そして，データマーケティングの領域を垂直統合する展開や，自社も含めた複数のDSPをデイトレーダーの様に運用するトレーディングデスクと呼ばれるコンサルティング業務を行うことで，データマーケティング事業の上流をつかもうとしている。

世界市場でも同様に4大メガエージェンシーグループは，こぞってデータマーケティング領域の有力企業を買収したり，メディアサイドへのアプローチによってRTBでは買い付けができないプレミアムな価値を持つ広告枠を買い切ったり，トレーディングデスク業務などを行ってレイヤーを垂直に統合することなどで，その流れに対応している。

▶▶ 曖昧化する業界間の境界線

また，広告とITの領域の境界線は曖昧になっており，異業種間での競争も生まれている。データベース大手オラクルは，ここ数年のうちにグローバルでDMPやデータの提供を専門に取り扱うBluekaiなどデータマーケティング関連企業を複数社買収しており，統合マーケティングプラットフォームサービスを提供している。

データはただの事実の集合体でしかないので，ここからアクションプランを導き出す経験やリソースが重要になるのは言うまでもない。現在はまだこれらを取り扱う広告主側の大多数には十分なリソースがあるわけでもなく，メディアとのリレーションやデジタル領域のみではなく統合的にマーケティング支援を行うための様々なノウハウを持つ広告会社の存在感は強く，大きい意味での構造変化は起こってはいない。

しかし，自社の事業内容やターゲット市場に対して当事者として深い造詣を持つ広告主，長きにわたってマーケティング・コミュニケーションを生業としてきた広告会社やメディアレップ，日進月歩で成長を遂げるデータマーケティング領域のプレイヤーといった様々なプレイヤーの間で，豊富なデータを抱えるメディアサイドと各レイヤー間でのイニシアチブを握る競争は水面下で激化している。今後さらにレイヤーの細分化が予想される業界構造の中で，データをどのように保有し，誰がどのような形でキーレイヤーとなっていくのか。今後の動向に注目が集まる。

3　モバイル通信ビジネス

▶▶▶ モバイル通信業界の特徴

モバイル通信とは携帯電話を始めとする移動体通信であり，そのサービスは，通信ネットワーク，携帯端末，携帯端末上で動作するソフトウェア，コンテンツなど複数のレイヤーで構成されている。そのため，モバイル通信業界にはプレイヤーも多い。通信ネットワークレイヤーでは通信キャリアと呼ばれる携帯事業者としてNTTドコモ，KDDI，ソフトバンク，PHS事業者としてワイモバイル（旧イー・モバイル）などが存在する。携帯端末レイヤーでは富士通，NEC，ソニー，アップル，サムスンなどの国内，海外のメーカーが存在し，携帯端末上で動作するソフトウェアレイヤーではOS，およびアプリケーションプラットフォームではアップル（iOSとApp Store），グーグル（AndroidとGoogle Play），マイクロソフト（WindowsとWindows Phone Marketplace）が存在し，コンテンツレイヤーに至っては無数のプレイヤーが参画している。

▶▶▶ スマートフォンの普及とその影響

2000年代は後述する技術動向，規制動向の変化により，スマートフォンと呼

図表 3-10 携帯電話の出荷台数の推移

出所：総務省『平成25年版　情報通信白書』

ばれる高機能携帯電話が普及した。既存の携帯電話であるフィーチャーフォンでは実現できなかった高付加価値を提供しており，出荷台数においてもモバイル通信の主となりつつある（**図表 3-10**）。

　スマートフォンに統一された定義はないが，いくつかの高度な機能がその特徴としてあげられる。通信ネットワークでは従来の通信キャリアが提供する無線ネットワーク（3G，LTE）だけでなく，公衆無線ネットワーク（Wi-Fi）を利用できる。通信端末は処理速度がパソコン並みの高性能であるのに加え，直接画面に触れて操作できるタッチパネルを採用し，ソフトウェアはiPhoneやAndroid端末に代表される汎用的なOSが搭載されている。特にソフトウェアでは，OSごとのプラットフォームにアクセスして，ユーザは好みのアプリケーションをダウンロードすることで多様な使い方ができる。フィーチャーフォンで行っていた音声通話や電子メールの通信，従来のウェブ閲覧を中心としたインターネット通信だけでなく，質の高い音楽や動画が再生できるメディアプレーヤーとしての活用も可能である。また，ニュースや路線検索などの情報収集も容易で，電子辞書やカーナビなどでは専用端末を代替する傾向にある。位置情報を利用した各種サービスの利用，通信モジュールを利用した新たな課金決済，大容量のクラウドサービスの利用など，スマートフォンはユーザのライフスタイルに大きな影響を与えることとなった（**図表 3-11**）。

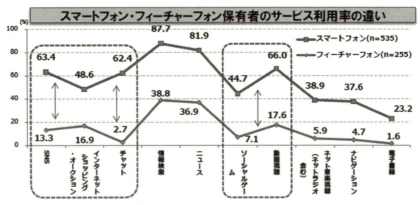

図表3-11 さまざまな用途で使われるスマートフォン

出所：総務省『平成26年版　情報通信白書』

▶▶ モバイル通信の遍歴とレイヤー構造の変化

　2014年現在，モバイル通信業界は，通信キャリアや携帯端末メーカーが競争しているだけでなく，異業種からの参入が相次いでいる。モバイル通信のビジネスが，フィーチャーフォン時代からスマートフォン時代，その後のプレイヤー多様化の時代へと変遷するなかで，レイヤー構造も変化してきた。なお，ここでは国内のモバイル通信業界を対象とする。モバイル通信ビジネスは，技術動向，規制動向の変化に大きく影響を受ける。

　技術動向については，モバイル通信では国際連合の専門機関である国際電気通信連合（ITU）にて電気通信（有線通信および無線通信）や電波のルール制定を行っており，通信システムごとに世代を分けて呼ばれることが多い（**図表3-12**）。モバイル通信の初期である第1世代から第2世代は通信キャリアが主体として業界を牽引しユーザは通信キャリアを選択してきたが，第3世代以降にユーザが端末メーカーを選ぶようになったことで，レイヤー構造の分離が始まったという大きな流れがある。

▶▶ 通信キャリア主導の第1世代，第2世代移動通信システム

　1980年代から1990年代前半は，第1世代移動通信システムと呼ばれた。アナ

図表 3 -12　国際電気通信連合　無線通信総会の結果概要

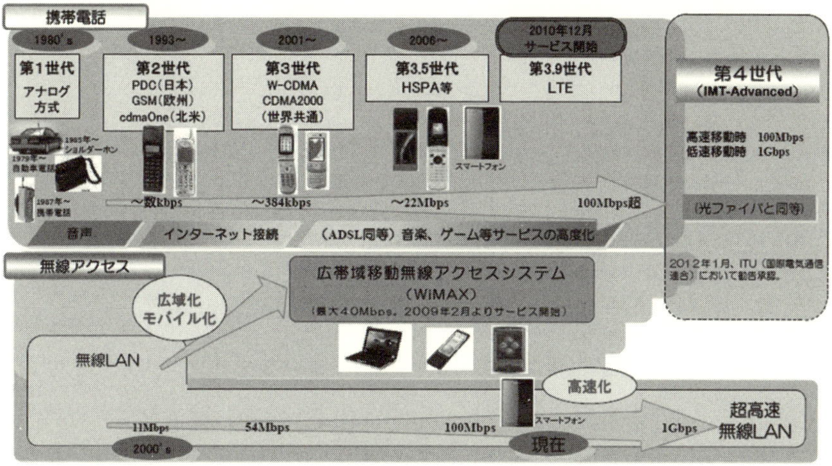

出所：総務省「国際電気通信連合（ITU）無線通信総会（RA-12）の結果」（2012）

ログ通信が主流であり，第1世代移動通信システム向け周波数帯（800MHz帯）を行政から割り当てられた移動体通信事業者（通信キャリア）のみがサービス提供可能であった。提供されるサービスも，アナログ通信という技術制約のため音声通話のみであった。この世代では通信キャリアが業界を主導し，ユーザの選択基準も通話料金が主であった。

　1990年代中頃から第2世代移動通信システムと呼ばれるデジタル方式が採用され始め，サービスも音声通話から電子メールやウェブ対応などへと多様化していった。しかし，この第2世代移動通信システムも行政から割り当てられた周波数帯が必要であり，引き続き通信キャリア主導のサービス提供形態であった。第2世代の大きな変化はi-mode（NTTドコモ）の登場である。i-modeは携帯電話でインターネットを利用できる世界初の携帯電話IP接続サービスであり，i-mode対応ホームページの閲覧，音楽やゲームなどのコンテンツをダウンロードすることができるなど提供サービスが高機能化された。このi-modeは専用ブラウザ（Compact HTML対応）が採用されており，このi-modeに追従した現KDDIのEzweb，現ソフトバンクのJ-スカイはキャリア別でブラウザの仕様が異なったため，魅力的なコンテンツを揃える事が結果的に通信キャリアのユーザ囲い込みに繋がった。また第2世代は通信方式が国

内と海外で異なっていたため，国内独自の端末やサービスが普及し，特に端末は海外勢参入困難という環境を生んだ．

▶▶ パケット定額制と通信規格統合が業界構造に与えた影響

　第3世代では，通信キャリア主導の業界構造を変化させる2つの大きな動向があった．1つは2003年からauがパケット定額制サービスを開始したことである．他通信キャリアもこのパケット定額制サービスに追随したため，データ通信量の多いPCから閲覧する場合と同様のフルブラウザ（HTML対応）の実現に繋がった．前述の通り，第2世代までのインターネットサービスは，通信キャリアごとの独自ブラウザによって提供コンテンツが異なることが，ユーザの囲い込みに一役買っていたが，フルブラウザの利用が可能になったことでユーザはインターネットサービス利用において通信キャリアに縛られることがなくなった．もう1つの動向は，海外と通信規格が統一されたことである．第2世代までは通信方式としてGSM方式が世界的に主流な中，日本はPDCという独自方式を主流としていたため国内の携帯端末メーカーがシェアの大半を占めていたが，通信規格が海外と統一されたことにより海外の携帯端末メーカーの参入余地が生まれた．これら2点の条件が整い，2008年にスマートフォンであるiPhone 3Gが販売され，大きなヒットとなった．

　元々，携帯電話は通信ネットワーク，モバイル端末，専用OSなどと技術要素によってモジュール化されており，通信キャリアがその仕様をコントロールしていた．しかし，この第3世代のiPhoneに代表されるスマートフォンの登場により，顧客は通信キャリアによるコントロール下の仕様ではないモバイル端末，OSも重要視するようになっていった．

▶▶ 汎用OSとマーケットプレイスによるレイヤー分離

　その後の第3.9世代では，iPhone 3GS以降，スマートフォン市場がさらに拡大し，2009年にAndroid端末（HT-03A）も参入することとなった．この頃，ユーザの需要はフルブラウザから専用アプリケーション（アプリ）へ移行しつ

図表3-13　スマートフォンによるレイヤー構造の変化

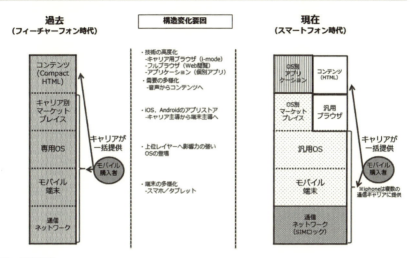

過去：キャリア主導のバリューチェーンモデル
現在：汎用OSと汎用OS依存のマーケットプレイス・アプリによって，キャリアと端末の選択が分離

出所：筆者作成

つあった。アプリの特徴の1つとしてその操作性がある。ブラウザの場合は，サーバと常に通信する必要があるため，ワンクリック，ワンアクションで複雑な操作はできず，動的なサービスは難しかった。だが，アプリはスマートフォン内の1クリックに対して複数の情報処理を行うことができ，またタッチパネルを利用できることから操作が直観的となった。また，位置情報などの付加情報も利用でき，より高機能なサービスを提供可能となった。

ユーザの需要の変化に伴い，サービスを提供するプレイヤーもフィーチャーフォンからスマートフォンにサービス提供の軸を移した。例えばソーシャルネットワークサービスであるmixiは，PCからモバイル，モバイルの中でも特にスマートフォンへとサービス展開の主軸を移している。アプリはダウンロード可能なマーケットの仕様がOSによって異なるため，かつては通信キャリア別でサービスを選んでいたように，ユーザはOS・端末別にアプリやサービスを選択するようになった（図表3-13）。

▶▶ MVNOとSIMフリーの誕生

　モバイル通信が影響を大きく受ける技術動向以外のもう1つの要因は，規制動向である。

　特に2000年代以降は，技術動向以外に行政，通信キャリアなどに影響する制度面の動向もレイヤー構造の変化に影響を与えている。

　総務省は2002年6月に「MVNOに係る電気通信事業法及び電波法の適用関係に関するガイドライン」を策定し，移動体通信インフラを持つ事業者に自社の移動体通信設備を他社に貸し出すことを義務付けた。その結果として通信キャリアであるNTTドコモやKDDI，ソフトバンクからネットワークを借りてモバイル通信サービスを提供する仮想移動体通信事業者（MVNO：Mobile Virtual Network Operator）が誕生した。ウォルト・ディズニー・ジャパンの携帯事業であるディズニー・モバイルがNTTドコモやソフトバンクの物理回線を借用したサービス提供を行うなどの事例もあり，異業種からモバイル通信業界に参入することが可能となった。

　また，回線だけでなく，端末についても多様化を促す政策が行われている。

　携帯電話には電話番号などの識別情報が記録されたICカードであるSIMカード（Subscriber Identity Module Card）が差し込まれているが，これまでの携帯電話は特定のSIMカードのみ利用できる「SIMロック」という機能仕様となっていた。これは日本では通信キャリアが携帯電話を販売する際，長期契約を前提に販売奨励金と呼ばれる割引を適用したため，長期契約中に他通信キャリアへ変更することを防ぐ効果があった。

　しかし，ユーザ視点では安価に回線を利用できるメリットがある一方で，端末とキャリアを個別で選ぶことができない（例えば，携帯電話を海外に持ち出した際に海外のキャリアのSIMカードを利用できない）といったデメリットも存在した。キャリアはユーザ囲い込みの観点からSIMロックを解除した「SIMフリー」の携帯端末を販売してこなかったが，2010年総務省はSIMロック解除をキャリアに求め，2015年には義務化されることとなった。これによって，ユーザは端末と通信回線を別々に購入できるようになり，端末も携帯電話に限らずタブレットPCなども利用可能となった。

図表 3-14　SIM フリーによるレイヤー構造の変化

現在：汎用OSと汎用OS依存のマーケットプレイス・アプリによって，キャリアと端末の選択が分離
今後：通信ネットワークの自由化とモバイル端末の多様化によって，各レイヤーごとのプレイヤーが提供窓口へ

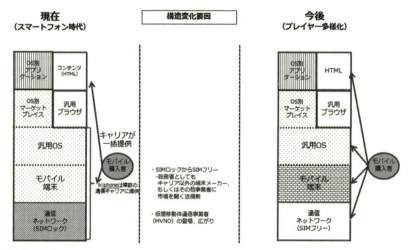

出所：筆者作成

　このような動向は，総務省の「移動通信分野において更なる競争促進を図り，一層多様かつ低廉なサービスの提供による利用者利益の実現を図る」「多様なサービスを提供する事業者の参入を促す」という施策の具現化であり，技術動向と合わせて，ネットワークや端末などのサービスのレイヤー構造変化を促進した（**図表 3-14**）。

▶▶ レイヤー構造の変化によるモバイル通信業界への新規参入パターン

　モバイル通信におけるレイヤー構造の変化により，今後はユーザが「通信ネットワーク」「モバイル端末」「汎用 OS ／ OS 別マーケットプレイス」の各レイヤーを自ら選択し，取捨選択できるようになる。そのため各レイヤーにおける参入パターンと差別化戦略が存在する。

▶▶ 通信ネットワークレイヤーの参入パターン

　通信ネットワークレイヤーでは，既存の移動体通信キャリアであるNTTドコモ，KDDI，ソフトバンク以外にも固定通信キャリアやインターネットプロバイダーといったプレイヤーが，いわゆる「格安SIM」と呼ばれるサービスでMVNOとして参入している。

　NTTコミュニケーションズの「OCNモバイルONE」は，NTTドコモの回線を借用し，音声通話なしの毎日70MBコースのように，音声通話不要でデータ通信は多く行わない利用頻度の少ないユーザ向けにサービスを提供している。このサービスでは上位レイヤーであるモバイル端末，汎用OS／OS別マーケットプレイスは問わないため，ユーザがすでに持っているスマートフォンやタブレットPCで通信サービスを利用できる。また So-netの「PLAY SIM for Amazon」はNTTドコモの回線を借用し，月2GバイトのLTEが利用できる回線としては最安価でサービスを提供している。

　通信ネットワークレイヤーに再参入したワイモバイルも，移動体通信キャリアであったイー・アクセス株式会社がPHSサービス主体で運営していたウィルコムと合併し，新ブランドとして格安SIMと近い価格帯でサービスを提供している。楽天グループの楽天コミュニケーションズは，データ通信サービスと音声用の「楽天でんわ」のアプリケーションを中心にサービス提供してきたが，それに加えてSIMフリー端末とセットでの販売を開始する。

　レイヤー分離が進むことにより，ユーザは利用したい通信料と価格帯に合わせて各社のサービスを選ぶことができる環境となった。

▶▶ モバイル端末レイヤーの参入パターン

　モバイル端末レイヤーでは，通信キャリアが冬春，夏秋モデルと定期的にリリースしてきたフィーチャーフォン，スマートフォン端末以外に，ハードウェアメーカーがSIMフリーを前提とした端末を提供し始めた。これまで通信キャリアに端末を提供してきた携帯端末メーカーもSIMフリー端末を回線なしで販売し始めている他，中国の華為技術（ファーウェイ）などの海外の端末メーカーが通信キャリアの仕様に縛られずに端末を提供している。またDELLがSIMフ

リーの 8 インチタブレットを販売するなど，携帯電話以外のモバイル端末もその対象となっている。レイヤー分離が進むことで，ユーザは利用したい端末を通信ネットワークを意識せずに個別に選ぶことができるようになったといえる。

▶▶ ユーザが意識する端末 OS とマーケットプレイス

　汎用 OS ／ OS 別マーケットプレイスのレイヤーでは，アップルの「iOS」，グーグルの「Android」が主要なシェアを占めている。マイクロソフトの「Windows」，アマゾンの「Kindle OS」などの OS も徐々にシェアを伸ばしており，ユーザは利用したいアプリケーションが動作する汎用 OS を意識し，その汎用 OS が組み込まれたモバイル端末を購入することとなる。

▶▶ モバイル通信業界の今後

　モバイル通信におけるレイヤー構造の変化によって，各レイヤーの既存プレイヤー以外の企業がモバイル通信業界に参入するケースも目立ち，日経 MJ の 2014年上期ヒット商品番付では「格安スマホ」が東の横綱となるほど大きな流れとなっている。

▶▶ 流通業のモバイル通信業界への参入

　流通業であるイオンは，2014年4月に月額2,980円で「イオンスマホ」のサービス提供を開始した。第一弾は1ヶ月あまりで8,000台が完売し，月額1,980円の「イオンスマホ」第二弾が7月に販売された。これは通信ネットワーク，モバイル端末のレイヤーへの参入であり，通信ネットワークは日本通信の「b-mobile」，モバイル端末は第一弾で LG 電気の「Nexus 4」を使っている。第二弾はジェネシスホールディングスから「geanee FXC-05A」を調達し，低価格帯に低コストの端末を作り込んでいる。対象ユーザはシニア層であり，スマートフォンは使いたいが通信キャリアが提供する価格帯では高価に感じるユーザを取り込んだ。ヨドバシカメラやビックカメラといった量販店も，

MVNOと端末を組み合わせて格安スマートフォンと銘打って，モバイル通信業界に参入している。

▶▶ 相次ぐ異業種のモバイル通信業界への参入

　ネットワーク通信やモバイル端末のレイヤーへの参入は，イオンだけではない。

　ネットワーク通信レイヤーでは，中古端末販売の強みを活かし，ビデオレンタルショップ「ゲオ」も「Smart G-SIM／Smart G-SIM for Wi-Fi by So-net」というSIMカードと回線サービスを提供する。ゲオが扱う中古のスマートフォン／タブレット端末とセットでの販売を見込んだ参入である。

　モバイル端末レイヤーでも，スマートフォンやタブレットPCという従来の端末以外のプレイヤーが参入してきている。パナソニックはSIMロックフリーで，撮影した写真や動画をSNSなどにアップロードできるコミュニケーションカメラ「LUMIX CM1」を発売した。カメラ機能を持ったスマートフォンではなく，スマートフォン機能を持ったカメラとして新たなニーズに応えようとしている。アレスの腕時計型Androidスマホは，親機としてスマートフォンが必要な腕時計ではなく腕時計単体でスマートフォン機能を持っており，microSIMカードを利用し通信を行うことが可能である。

▶▶ 今後のモバイル通信の動向

　モバイル通信の分野では技術面，制度面でレイヤー構造が大きく変化した結果，各レイヤーに既存プレイヤー，新規プレイヤーが入り混じる環境となりつつある。

　今後のモバイル通信業界に変化を与える可能性のある動向として，第4世代移動通信システム（IMT-Advanced）の導入が考えられる。2012年1月に開催された国際電気通信連合無線通信総会において，無線伝送方式（LTE-AdvancedおよびWireless-Man-Advanced）の技術標準を定める勧告が承認された。第4世代移動通信システムは高速移動時100Mbps，低速移動時

1 Gbps で光ファイバーと同等の速度が見込まれており，このネットワーク通信を利用した新しいビジネスモデルが誕生すると，業界全体に影響を与える可能性がある。

また通信ネットワークだけでなく，モバイル端末のレイヤーで技術革新が起きる可能性もある。今後，ウェアラブルコンピュータと呼ばれる身に着けられるモバイル端末がスマートフォンに代わった場合には，ユーザのサービス基準が大きく変わるだろう。

各レイヤーの技術動向，規制動向を注視する必要がある。

4 ゲームビジネス

▶▶ ゲーム専用機ビジネスの特徴

(1) ハードウェアに投資をし，ソフトウェアで収益を出すビジネスモデル

プラットフォームビジネスの代表格といえるゲームビジネスであるが，その中心は，任天堂やソニーなどハードウェア（ハード）を提供し，プラットフォームの形成者となるゲーム専用機メーカーであった。それに，カプコンやコナミなどプラットフォームにソフトを提供するゲームソフトウェア（ソフト）メーカーという補完プレイヤーが加わり，ゲームビジネスはツーサイド・マーケット（二面市場）の特徴を有してきた。ゲーム専用機の市場における一番重要なレイヤーはハードであり，ゲーム専用機のビジネスは，ハードを中心としたネットワーク外部性が強く働くものとなっている。

ゲーム専用機メーカーによるハードが一定の規模以上普及することで，プラットフォームでの販売機会の大きさに期待し，ゲームソフトメーカーが多く参入する。これにより，ゲームユーザはゲームソフトの選択肢が増えることとなる。その結果，ハードを新規購入するゲームユーザはより普及したハードを選択するインセンティブが働くので，売れているゲーム機がさらに売れるよう

になるという好循環が発生する。

　このような好循環が形成された場合，市場が飽和して衰退するまで好循環は継続する。一方で，シェアの低いハードメーカーは逆のパターンとなり，ますますシェアを落としていくこととなる。したがって，ゲーム専用機メーカーは市場シェアが低い状態で特定の顧客にサービスを提供し続けるといったビジネスが成立しづらく，家庭用ゲーム機のシェア競争は1機種から2機種による独占状態となることが多い。

　また，ゲーム専用機メーカーは，サードパーティのソフトメーカーからライセンス料というかたちでソフト販売数に応じた手数料を回収するという収益モデルを作り上げている。ゲーム専用機メーカーは，新しいハードを発売するに際して，ライセンス収入も考慮した上で値段設定を行うことが多い。例えば，ライセンス料を2,000円と設定した場合，消費者が平均5本以上ソフトを購入すると見積もれば，ハードを1万円の原価割れで販売したとしても，採算ラインを超えることができるという構図である。

　初期投資の採算ラインを超えた場合，それ以降は，専用機メーカーは自社ソ

図表3-15　**ゲームビジネスの収益構造**

ハードウェアは原価割れの戦略的な価格でシェアを獲得し
高収益なソフトウェアを組み合わせたトータルのビジネスが収益となる
非常にハイリスクなビジネスである

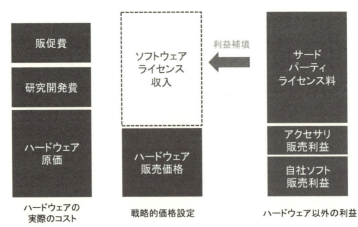

出所：筆者作成

フトだけでなく，ライセンス収益を得られる他社開発ソフトが売れれば売れる程，利益が増え続けていくという収益構造となっている（**図表3-15**）。

　こういった収益の構造であるため，ゲーム専用機メーカーはハード発売の初年度は市場の拡大を最優先の目標とする。そのため，ハードの価格を可能な限り安く設定し，原価ラインすれすれ，もしくは原価割れをするような戦略的な価格設定で販売を行うことが多い。そして，その後，ハードや製造ラインの改良を重ね，赤字の幅を縮小させていくという戦略をとっている。よって，ハードの初期投資の採算ラインを超えられない限りは，ゲーム専用機メーカーは赤字を垂れ流し続けることとなり，加速度的に赤字が積み上がることとなる。具体例として，ソニーのプレイステーションシリーズの販売初年度は毎回大幅な赤字になっているのは，このような理由によるものだと推測できる。

(2)　プラットフォームを牽引する優良ソフトの重要性

　また，ゲーム専用機のプラットフォーム側には，戦略的な値段設定でハードのシェアを取るだけでなく，ゲームユーザにとって魅力的な優良ソフトをいかに囲い込むのかということが求められる。例えば，任天堂のマリオシリーズやポケットモンスターシリーズは多くのゲームユーザから支持を受ける優良ソフトだが，任天堂自身が開発しているため，ソニーのプレイステーションのプラットフォーム向けには発売をされない。ゲームユーザがマリオのソフトを楽しみたいときには，任天堂のゲーム機を買うことが求められる。

　これは他社開発のソフトにおいても同じであり，ゲーム専用機メーカーにとっては，優良なコンテンツを，他社プラットフォームに販売されることなく自社で独占的に囲い込むために，ソフト企業側へのインセンティブをどう作り上げるのかという点が戦略上重要となる。任天堂は自社でソフトを開発できるノウハウがあり，過去培ってきた優良なコンテンツを持ち，自社向けのゲーム専用機にそれを展開することができる。そのため，自社ソフトの力で自社のゲームプラットフォームを牽引することができるという強みがある。

　このような専用機メーカー側の囲い込みに対して，ソフト企業側にも自身の

ビジネスを拡大するための戦略がある。特にゲーム専用機のプラットフォームが立ち上がる段階において，いくつかの候補が市場にある場合，どのプラットフォームが成功をするのかは不確実性が高い。こうした不確実性にともなうリスクを低減させるため，ソフト企業側は複数のプラットフォーム向けにソフトを発売するという「マルチホーミング」の施策をとるケースも多く見られるようになっている。マルチホーミングのメリットとしては，ソフト製作過程において，ハード間である程度素材を流用できるため，個々のハード向けに別々にソフトを開発するよりも製作費や製作時間を抑えられるということが挙げられる。また，ソフトメーカーはより大きい市場でソフト販売を行いたいと考えるため，複数のハード向けに販売することによって，より多くのユーザを相手にした販売戦略が可能となる。ソフト企業のマルチホーミングは，開発コストの分散化，プラットフォーム成功リスクの分散化を実現し，リスク軽減策として非常に有効な手段となる。

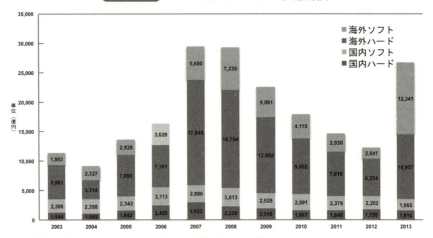

図表3-16　ゲームビジネスの市場規模

出所：株式会社メディアクリエイト「ゲーム産業白書　2014」

▶▶ ゲーム市場の変化

(1) 厳しい環境の専用機市場

　ゲームビジネスは，1983年に任天堂がファミリーコンピュータを発売して以降，ソニーのプレイステーションと合わせてグローバルの市場で日本企業が長年優位な地位を作り上げてきた。しかしながら，近年のスマートフォン（スマホ）の普及により，いままさに市場には劇的な変化が起きている。

　市場変化の一つの要因として，技術の発展によりゲームのハード，ソフトの開発費用が高騰化していることが挙げられる。ソニーのプレイステーション，マイクロソフトのXboxなどゲーム専用機は高機能化と高スペック化が進み，CPUやグラフィックス処理のチップの研究開発には大きな投資が必要となり，ハードの開発費は年々高騰している。そういった状況の中で，任天堂はWiiやニンテンドーDSといった機種で性能軸ではない機能軸へと移行し，一時は大成功をおさめた。

　しかし，次世代機のWii Uは失敗してしまい，2012年3月期において上場以来初の連結赤字という状況に陥って以降，3期連続で営業赤字という状況にある。ハードの高スペック化が進む中で，ソフトメーカーも高性能なハードに対応するため，高額の開発費をかけざるを得ない。プレイステーション3やXbox360では平均でも約1億円～2億円の開発費が必要となっており，大規模タイトルでは10億円～20億円規模，米国企業の大型タイトルでは50億円～100億円規模にまで開発費が膨らむケースも出てきている（奥谷（2010）など）。従来からハイリスクハイリターンであったゲーム事業は，さらにハイリスクハイリターン化を加速しつつも，市場全体が縮小するというリスクをも抱え，市場の内部環境はますます厳しくなっている状況である。

▶▶ 大きく成長する汎用機市場

　こういった厳しい内部環境に追い打ちをかけるように，これまでの市場の外側からiPhoneやアンドロイド端末等のスマホがゲーム機としての利用を加速させている。スマホを含む携帯電話をターゲットとするモバイル型のゲームソ

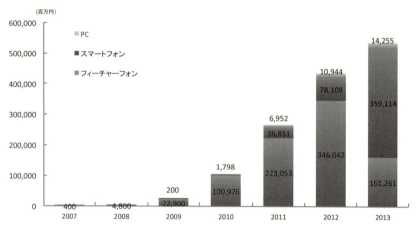

図表3-17　ソーシャルゲームの市場規模

出所：CESA「ゲーム白書2014」

フトは，「ダウンロードは無料」，「追加アイテムで課金」をするという新しいビジネスモデルを業界にもたらし，急激に成長をしている。特に，ユーザ同士のインタラクションでゲームを進めるソーシャルゲームの分野では，スマホのシェアが急速に上昇している（**図表3-17**）。

　こういった動きにより，ライトユーザは明らかにスマホゲームに移行をしつつあり，ソフト開発も当初はGREEやDeNAといった新興企業が中心であったが，近年は大手ソフト企業も積極的にスマホゲーム向けの開発に参入しつつある。スマホ向けのゲームも，ユーザの需要の高まりやスマホ自体の高スペック化に応じて開発費の高騰が起きつつあるが，ゲーム専用機ほどの開発スペックは求められない。そのため，スマホ向けゲームの開発費は，通常ゲームで数千万円，大規模ゲームであっても数億円程度であり，ゲーム専用機の開発費と比較した場合，相対的には開発リスクは低い。一方でヒットした際の収益性は高く，ガンホーの「パズル＆ドラゴンズ」など大ヒットゲームを生み出した場合の収益は，単体のソフトにかかわらず数百億円単位とゲーム専用機以上の収益を生み出す現象も起きている。このように，スマホゲームはミドルリスクハイリターンの市場になり，多くのプレイヤーが参入をすることで，急成長している状況である。

レイヤー構造の変化

(1) 上位レイヤーへ移行を進めるそれぞれのゲームモデル

これまで説明してきたようなゲームビジネスの構造と内部環境の変化，外部環境の変化は，**図表3-18**で示したようなレイヤー構造の変化によって表すことができる。

すでに述べたように，従来のゲームビジネスは，ハードを戦略的な価格で提供し，ソフトのライセンス料で収益を得るという構造であった。よって，ゲームユーザはハードを購入し，そのハード上で起動するソフトを購入することが求められていた。このときのゲーム専用機（ニンテンドー64，プレイステーション等）はネットワークとの接続もないため，ゲーム機単体で稼働する構造であった。

一般家庭にインターネット環境が普及していく過程で，ゲーム専用機も進化し，現在はネットワーク型サービスの領域にまでレイヤーが広がり，多層化してきた。ゲームプラットフォーム企業はコンテンツ配信プラットフォームを用意し，ゲームユーザを認証するためのユーザIDを設定して，個人の認証を通

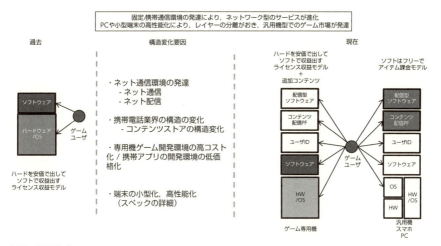

図表3-18　ゲームビジネスのレイヤー構造化

出所：筆者作成

すことで決済のシステムと融合をすることも可能になった。さらに，情報配信だけでなく，対戦型ゲームの実現や動画コンテンツの販売，ゲームソフト自体の販売，追加コンテンツの販売など，ネットワーク対応だからこそ実現できるゲームに特化した付加価値を提供することへ取り組みを進めている。

(2) モバイル端末の普及による構造変化

　また，モバイル端末の進化とモバイル通信環境の進化も，ゲーム業界，特に持ち運び型のゲームに大きな変化をもたらしている。フィーチャーフォンからのスマホへの移行により，端末自体の高性能化や画面サイズの拡大化が進んだ。これにより，高いスペックが求められるゲームをモバイル端末で利用できるようになり，従来の簡易なゲームやブラウザ型のゲームから，持ち運び型のゲーム専用機並のソフトを稼働することが可能となった。さらに，コンテンツの配信のプラットフォームが携帯キャリアからアップルやグーグルといったOSを持つ企業に移行することで，ゲームの開発環境がオープンになり，新興企業を中心とした多くの開発者（社）が参入しつつある。

　スマホの普及は，ゲームソフトの配信の方法も変化させた。スマホはネットワークに繋がることが前提となっているため，ネットワーク経由でソフトを配信できるようになった他，ユーザIDを通した課金システムとの連携が可能となった。これにより，ソフトは無料で提供し，一定のステージ以降に進む場合は有料となる「体験後有料移行型」や，ソフトを無料で提供し，追加のコンテンツやアイテムを有料で購入させる「アイテム課金型」といったフリーミアムモデルのビジネスが広がってきた。従来のゲーム専用機のソフト買い取りモデルと違い，ユーザはお試しでゲームをし，気に入ったものだけ有料版や有料アイテムを購入することが可能となるため，ゲームユーザの敷居を大きく下げ，特にライトユーザを取り込むのに適したモデルを実現している。

　さらに，スマホ向けのゲームのメリットとして，ソフトの開発側が適宜アップデートをできる点を挙げたい。過去のゲーム専用機はネットワークへの接続がなかったため，ゲームソフトを発売してしまうとコンテンツの修正や追加は原則として不可能であった。ネットワーク対応の端末はゲームソフトの発売後

にアップデートできるため，バグがあった場合の修正や，コンテンツの追加を適宜行うことが可能となる。これにより，他社よりもまずは先行して発売し，ユーザの反応を見ながらバグの修正やユーザを活性化させるためのイベントを行うなど，販売後に随時アップデートをしていく手法が取られていることが多い。プレイステーションを始めとするゲーム専用機においても同様のアップデートは可能であるが，すべての端末がネットワークに接続するわけではないゲーム専用機と違って，スマホはネットワーク常時接続が前提となっているため，こういったメリットを享受できる差は大きいといえる。

　このような環境の変化とともにゲームビジネスのレイヤー構造は変化し，専用機を中心としたモデルから，スマホを始めとする汎用機型のモデルへと業界構造が大きく変化をしている真っ只中にある。

▶▶ 転換期にあるゲーム専用機市場と成長を続けるゲーム汎用機市場

(1) 海外に活路を見出す据え置き型ゲーム専用機

　このようなレイヤー構造の変化を受けて，今後ゲームビジネス市場はどう変化していくのかを考えたい。

　ゲーム専用機の市場は，日本市場と海外市場，さらに据え置き機とポータブル機で大きく戦略が分かれていくと推測される。据え置き機の市場は，海外市場を中心としたマーケットになる。**図表3-16**に示したように，2013年のゲーム市場は海外市場を中心に大きく伸びている。これは，**図表3-19**にあるように，ソニーのプレイステーション4が大きく牽引している。実際にプレイステーション4は販売から9ヶ月で1,000万台を販売しており，過去のプレイステーションシリーズと比較をしても過去最速の立ち上がりのペースであり，海外における据え置き機の需要の高さがうかがえる。

　海外市場が好調な一方で日本市場は不調であり，過去最速の海外市場とは対極に，日本市場は過去最低のペースでの立ち上がりとなっている。ソニーは今回のプレイステーション4の発売において海外での発売を優先し，日本市場は

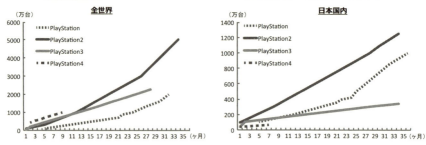

図表3-19　プレイステーションの売上推移（世界・日本）

出所：発売時から月ごとの総出荷実績を集計。PS4は日本での発売時期がずれたため，発売月から集計。SCEプレスリリース発表，エンターブレインの発表などを複合的にデータを集計。発表されていない部分は補充

数ヶ月遅れでの販売をしたところにも，日本市場の据え置き機の厳しさの見通しがあったと推察される。

(2) 苦境に陥りつつあるポータブル型ゲーム専用機

　海外でまだ十分な市場が見込める据え置き機と比較して，ポータブル機は海外市場，国内市場共に厳しい状況に陥りつつある。2013年の販売実績において販売金額の60％以上がポータブル機である日本市場と比較して，海外市場は約85％が据え置き機で，ポータブル機は15％と需要は小さい。

　この事実については，いくつかの仮説が考えられる。例えば，日本では，小中学生を中心とするユーザが，ポケットモンスターやモンスターハンター等，リアルなコミュニケーションの場で遊ぶ需要が高い，通勤・通学で電車を利用する機会が多い日本では，移動時間中にゲーム機を利用する習慣がある，といった仮説である。仮にこのような仮説が支持される場合，日本におけるポータブル機の市場は引き続き需要が大きく，成長が見込めるはずだが，一方でこの市場こそがスマホを中心とするモバイル型の汎用機に大きくユーザを取られつつある。第5章で詳しく説明するアンケート調査においても，スマホユーザの55％が毎日スマホゲームをやっていると回答しており，42％の回答者がスマホゲームを始めてからゲーム専用機の利用頻度が減ったと答えていることからも，スマホの普及によるポータブル機への影響が大きいことを推察できる。

▶▶ スマホ向けゲームのインパクト

　日本市場を注視した場合，ゲーム専用機であるポータブル機と比較して，スマホ汎用機はユーザにとってのメリットが大きい。まず，現在の日本において携帯電話は生活必需品となっており，内閣府が2014年4月に発表した消費動向調査によると2014年時点において，93.2%の世帯で携帯電話（フィーチャーフォンを含む）が普及しており，スマホの世帯普及率は54.7%であった。スマホではiOS（アップル）とAndroid（グーグル）を中心にプラットフォーム化が進んでおり，ユーザはすでに所有しているスマホ上でゲームができる環境が整っている。さらに，スマホ向けゲームではアイテム課金の仕組みが多数を占めているため，ゲーム自体は無料なので，ユーザにとってゲームを始めるための金銭的な投資はないに等しいといえる。一方で，ポータブル機であれば，ハードを購入し，さらにソフトを購入する必要があり，ゲームを始めるための金銭的な投資が2～3万円単位で必要となる。

　さらに，端末自体のスペックも差がつかない状況になりつつある。従来ハード端末の性能は1つのデバイスに数年先を見通した多額の投資をするゲーム専用機の方が優位であり，ゲームソフトもその性能を活かした高スペックなソフトが稼働することが魅力であった。ところが，スマホの登場以降，アップルやサムスンといったグローバル市場で優位を占める携帯機器メーカーが日本市場にも進出し，多額の投資の下，毎年のようにハードをアップデートしている。数年かけて数千万台を売っていくポータブル型のゲーム専用機に対して，毎年のように数千万台を販売するスマホでは，メーカーは多額な投資を行い，端末の性能も一気に専用機に追いついており，現在では同等もしくは機種によってはスマホの方が高性能である状況になっている。従来，PCを始めとする汎用機においては，ハードによってはゲームソフトが動かないという状況も起きていたが，スマホではアップルをはじめとして1つのメーカーがOSやハードで規格を統一することによって，過去の汎用機における欠点を克服しつつある。

　かつて，ゲーム専用機は前述のソフトウェアのライセンス型のビジネスモデルによって大きく普及させることに成功をしたが，汎用機の性能の向上，無料ダウンロード型のビジネスモデルの登場により，専用機のビジネスモデルが構造的に抱えていたリスクが顕在化している状況にあるといえる（**図表3-20**）。

図表3-20　ゲーム専用機のビジネス環境の変化

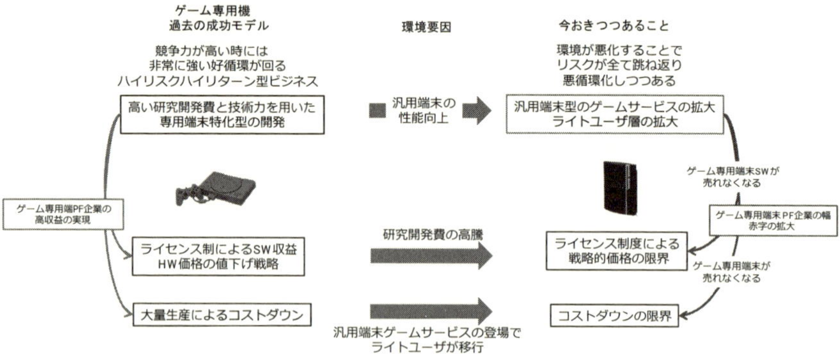

出所：筆者作成

▶▶▶ 競争は上位レイヤーに移行していく

　このように，据え置き機においては端末の性能差を活かし，汎用型の端末では実現が難しい高性能なゲームを中心に海外市場をいかに拡大していくのかという戦略がとれる一方で，ポータブル型においては日本国内市場，海外市場ともに厳しい状況になりつつあるといえる。また，モバイルゲーム市場はこれまで北米・欧州・アジアの先進国を中心に成長を続けてきたが，東欧・中東・アフリカなどでもスマート端末の普及や通信の高速化が進むことで，今後さらに市場が拡大していくと推測される。

　従来のゲーム専用機プラットフォーム側も，この状況に対応した戦略をとっている。ソニーはプレイステーションのブランドを活かしてPlayStation Network IDを中心としたマルチデバイスの戦略を発表し，マイクロソフトにおいてもWindows10の構想においては，Xboxのプラットフォームを Windowsプラットフォームと融合することを発表した。双方ともにハードを中心とした下位のレイヤーから，ユーザのIDや配信プラットフォームといった上位のレイヤーに移行しようと試みている。また，スマホにおいても，ハードのレイヤーは新興国企業の成長により競争が激化しつつある。

　ゲーム市場は専用機にフォーカスを当てられることが多いが，ゲームハードはゲームソフトを稼働させるための端末に過ぎず，ゲームの本質はソフトであ

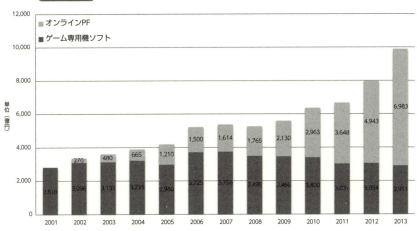

図表3-21 汎用機ゲームを含むゲーム市場（国内）の規模

出所：複数データを基に筆者作成

ると考えることもできる。そのように考えた場合，国内の専用機ソフト市場と汎用機ソフト市場の合計をみると，ゲーム市場は2003年以降緩やかに成長をしており，直近の2013年において過去最高のピークを迎えており，ゲームビジネスは拡大傾向にある成長市場であるともいえる（図表3-21）。こういった状況の中で，専用機，汎用機のいずれのプラットフォームにおいてもゲームの開発者（社）をいかに自社のプラットフォームに巻き込んでいくのかは最重要の課題であり，ユーザIDレイヤー，配信型プラットフォームレイヤーのさらなる上位にあるコンテンツレイヤーの囲い込みがますます激化していくことが推測され，上位レイヤーの競争が今後の焦点となる。

5　テレビ放送ビジネス

▶▶ テレビ放送事業者のビジネスモデル

1953年，後に国民の娯楽の代表の１つとなるテレビ番組の放映が始まった。

2月1日にNHKが放送を開始し，同年8月28日に日本テレビ放送網が民間放送初となる放送を開始した。地上波テレビ番組は，受信機であるテレビさえあれば，ボタン1つで，その時間に放送している番組を無料で視聴することが可能である。テレビ放送事業者は，なぜ番組を無料で提供することが可能なのだろうか？　どのようにして収益を上げているのだろうか？

　そのビジネスモデルを理解するためには，テレビ放送事業の以下2つの特徴を理解する必要がある。

①免許事業であること
②収益モデルがツーサイド・マーケットであること

　1番目の点であるが，周知の通り，テレビ放送事業は免許事業である。地上波放送は，基本的には都道府県ごとの県域放送であり，総務省から免許を与えられることで，一定の範囲での放送が可能となる。そのため，新規事業者の参入は基本的には不可能であり，高い参入障壁に守られた業界といえる。国が免許事業とした理由の1つが，利用できる電波の周波数帯域は限られており，電波は有限であるという考えであった。しかし近年，電波の周波数帯を有効に活用できるようになり，免許事業とした必要性が薄れてきている。そのきっかけとなったのが，2003年12月1日より3大都市圏である東京・大阪・名古屋のNHK3局，民法16局のデジタル放送，そして2006年から始まったワンセグ放送に代表されるデジタル放送である。また一方では，通信技術の発展により，ケーブルテレビや衛星放送（BS/CS），さらにはIP（インターネットプロトコル）を利用したインターネット放送なども急速に普及し，違う側面からも県域免許のあり方そのものに影響を与える状況となっている。

　2番目の点に関しては，テレビ放送事業の主たる収益は，広告収入によるものである。その際のテレビ放送事業の収益モデルは，性格の異なる2種類の市場＝顧客（視聴者と広告主企業）を持つツーサイド・マーケットモデル（Two-sided Market Model，二面市場モデル）と呼ばれるモデルである（**図表3-22参照**）。ツーサイド・マーケットモデルには支援サイド（Subsidy-

図表 3-22 ツーサイド・マーケットとしてのテレビ放送ビジネス

出所：筆者作成

Side）と収益サイド（Money-Side）が存在し，この2つの市場の関係性を利用して収益を上げるモデルが成り立っている。支援サイドとは，収益を上げるために必要となる利用者側の市場であり，収益サイドとは，支援サイドへの影響力を利用して補完プレイヤーから収益を上げることのできる市場のことを言う。つまり，テレビ放送事業の収益モデルは，手軽に視聴できる番組を無料で提供することにより，より多くの視聴者を集め（＝支援サイド），補完プレイヤーである広告主企業から広告宣伝費を獲得して収益を上げる（＝収益サイド），というモデルである。ここにテレビを無料で見ることができる理由がある。

▶▶ デジタル化によるレイヤー構造化

　テレビ放送業界のレイヤー構造の変化は，デジタル化をきっかけに始まった。デジタル化は，1998年にイギリスで最初に開始された。日本では，2001年電波法が改正され，アナログ放送による周波数の使用を10年以内に停止することが決まった。デジタル化を行うと，過密に使われていた電波を有効活用することが可能となり，その余剰周波数を様々な用途に利用することができるようになる。そのような名目のもとでデジタル化が推進され，2006年4月1日にはワン

セグ放送が開始された。ワンセグ放送とは地上波デジタル放送の携帯・移動端末向けサービスであり，携帯電話などを使ってテレビ番組を見ることができるようになった。

▶▶ デバイスの多様化と機能の向上

　デジタル化にともなって，それまではテレビ放送を受信できるのはテレビ専用の受像機だけだったが，携帯電話やタブレットなどでも番組コンテンツを視聴できるようになり，視聴デバイスの多様化が始まった。つまり，通信手段と視聴デバイスのレイヤーが切り離され，視聴者が自らの都合に合わせて視聴デバイスを選択できるようになり，時間，場所を選ばずテレビ番組を視聴することが可能となった。その結果，多くの視聴者がデバイス選択の利便性を覚え，個々人のライフスタイルに合わせたテレビの視聴方法を自由に選ぶようになった。また，デジタル化により，電子番組表（EPG）が標準化されることで，番組録画機器なども進化し，視聴デバイスがより扱いやすくなった。このことによって，視聴者はテレビ番組の視聴時間・視聴場所を容易に選択できるようになった。

　このような視聴方法の多様化は，タイムシフトと呼ばれる現象をもたらした。タイムシフトは好きな時に好きな番組を見られるようにすることであり，従来のように家庭のテレビの前でリアルタイムに番組を視聴する人は減っていった。このことは，二面市場モデルで収益を上げるテレビ放送事業者にとって，支援サイドにおける視聴者の視聴状況を測る唯一の指標である視聴率に影響を与えている。二面市場モデルでは，支援サイドの充実が収益サイドの充実につながり，収益を高めることができる。

　ところが，番組を実際に見ている人は減っていないかもしれないが，テレビの前で，決まった時間に番組を見る視聴者が減少したために，視聴率で支援サイドの充実度を測定することができなくなった。これが，いわゆる「テレビ離れ」現象であるが，一方で，タイムシフトは視聴時間・視聴場所が変わってい

るだけであり，テレビ番組自体を見る視聴者は減っていないとの考え方から，従来のようなリアルタイムの視聴率に加えてタイムシフト視聴率を測定し，支援サイドの充実度を高めようという取り組みも徐々に始まっている。

▶▶ インターネット配信の活用

　テレビ放送事業者の自助努力としては，テレビ離れを解消し，リアルタイムでの番組視聴を促すために，自社のホームページなどインターネット上で番組コンテンツを配信する動きも始まっている。例えば，視聴者がドラマの第1話を見忘れたとしても，ホームページ上で第1話を容易に見ることができるようにし，第2話以降の番組視聴を促すといったことである。このようなサービスは「見逃し配信」と言われており，基本的には無料で視聴可能である。これにより，視聴者は，地上波を経由したテレビ受像機だけでなく，インターネットを経由したパソコンやスマホなどでも番組を視聴できるようになった。これは，一見テレビ離れを加速するようにみえるが，インターネット配信を一話だけに限定したり，期間を限定したり，ドラマなどの0話（導入部分）のみをインターネットで配信したりすることで，地上波とのカニバリズム（共食い）を防ぎ，テレビへの回帰を促すことを狙っている。また，デジタル化により双方向通信が可能となったことを利用し，スマートフォンと連携して，リアルタイムに番組を見ることで視聴者プレゼントを実施するなど，リアルタイム視聴自体に付加価値をつける取り組みも実施している。

▶▶ 免許制が崩壊する可能性

　テレビ放送事業の第一の特徴は免許制だが，その前提も崩れてきている。デジタル放送の開始により，BS放送もボタン1つで視聴することが可能となり，多くの地域でキー局が制作した番組コンテンツを無料で手軽に見ることが可能となった。地上波放送では，キー局が各県で番組を放送するためには各県で放送免許を持っているローカル局を経由する必要があったが，BS放送では衛星を経由するため，ローカル局の電波は必要としない。

このことは，収益サイドである広告主企業にも影響を与えている。つまり，これまでは特定地域の視聴者に向けて CM を放送するためには，その地域の放送免許を持つテレビ放送事業者へ広告を出稿する必要があったが，BS/CS 放送を利用すると，在京キー局へ広告出稿を行うだけで全国へ CM を放送することが可能となる。現在の視聴率調査の対象は地上波の主要局が中心で，BS/CS 放送にはいまだ明確な評価指標が設けられていない。しかし，今後指標が整理されることで，キー局への広告出稿の集中は一層進むと考えられる。

▶▶▶ 視聴方法の変化

　デジタル化に伴う場所・時間を選ばない視聴方法は，視聴者に自由な選択を与えるとともに，テレビ放送事業者自らがインターネット事業に参入するきっかけを作った。また，インターネット放送や衛星放送の台頭を促し，免許に守られた地上波放送という番組の配信方法の変化をもたらし，県域免許の根幹を揺るがす一因となっている。テレビ放送事業者にとって，デジタル化は視聴習慣の変化をもたらし，また，県域免許の意味も奪いかねないものであることは間違いない。

　しかし，その一方で，視聴デバイスが多様化して視聴者の習慣が変化したとしても，唯一変化していないレイヤーが存在する。それは，テレビ放送事業者としてもっとも重視しなければならない「送信局」と「番組コンテンツ」のレイヤーである（**図表 3 -23参照**）。これらが切り離されていないということは，テレビ放送事業者はコンテンツホルダーとしての地位は変わらず，視聴者にとってのコンテンツの供給源であり続けることができるということである。

　今後，テレビ放送事業者は良質な番組コンテンツを制作し，持ち続けることで，コンテンツホルダーとしての地位を維持・進化させることが重要となってくる。テレビ番組というコンテンツを持ち続けることこそが，テレビ放送事業者自らがインターネットや VOD（ビデオ・オン・デマンド）市場に参入し，市場を形成するときに優位性をもたらす。そして，コンテンツを保持しているからこそ，そのコンテンツを利用し，新たな収益を確立することが可能になる

と考えられる。テレビ放送事業者として、もっとも重要な心臓部分、すなわち「番組コンテンツ」がレイヤー分離していないことこそが、テレビ放送事業者が今後も生き残るカギとなると考えられる。

テレビ放送事業者が番組コンテンツをいかに利用し、収益を上げるのか。インターネット配信事業、VOD事業でどのような収益モデルをとるか。それは今後の動向次第だが、現時点では以下のような3つのモデルが考えられる。

① 広告収益だけで収益を上げる従来の二面市場モデルを踏襲する。
② 支援サイド（視聴者側）を課金制にして収益を上げるモデルとする。
③ 課金モデルと広告モデルを併用し、利益の最大化を狙う。

現段階ではどの収益モデルをとるのかは分からないが、あるテレビ放送事業者はVODコンテンツや、インターネット配信にもオリジナルの広告を入れ、収益を上げる試みを実施している。

図表3-23は、テレビ放送事業がレイヤー構造化する前とレイヤー構造化した後の変化をまとめたものである。すでに説明したように、デジタル化をきっ

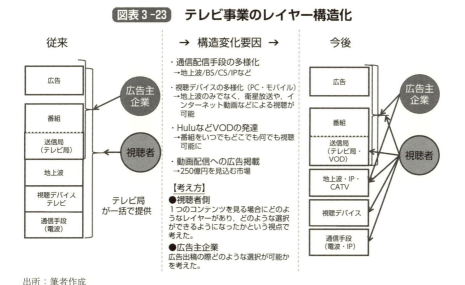

図表3-23　テレビ事業のレイヤー構造化

出所：筆者作成

かけに視聴デバイスが多様化し，視聴者が自由な時間に好きな場所で視聴可能となった。なお，この図では，テレビの収益構造は二面市場モデルのため，顧客として支援サイドである視聴者と収益サイドである広告主企業の双方を示している。

▶▶ レイヤー構造の変化が与える影響

　テレビ放送事業は二面市場モデルのため，レイヤー構造化により影響を受ける対象として，支援サイドである視聴者と，収益サイドである広告主企業の立場から考察する。そして最後に，テレビ放送事業者の立場から，視聴者と広告主企業とどのようにかかわり，どのように収益を上げていくのかを考察する。

▶▶ 視聴者への影響

　従来，番組の配信手段は電波のみであり，視聴者にはチャンネルの選択権はあったとしても，視聴時間と視聴場所が拘束されていた。つまり，視聴者は，見たい番組が放送される時間にテレビの電源を入れ，その番組を視聴し，広告主企業のCMを自動的に受け入れていた。そしてこれらすべては，テレビ放送事業者により一元管理されていた。しかし，2003年のデジタル放送を境に視聴者の選択領域が大きく広がった。

　まず，配信方法が，地上波のみならず，BS・CS・インターネットなど多様化した。これにより，視聴デバイスも多様化し，テレビだけでなく，PC，スマートフォン，タブレットなどでも，テレビ番組の視聴が可能となった。これをきっかけに，視聴方法が変化し，いつでもどこでも好きなコンテンツを楽しめるようになり，視聴者のライフスタイルに影響を与えた。かつては，月曜日21時のドラマを見るために，その時間にはテレビの前に座っていた視聴者が，現在は，月曜日21時という日時を気にせず，また，テレビの前という場所的制約も受けず，生活に合わせて，各デバイスで視聴できるようになった。また，前述したように，デジタル化によるデバイスの多様化とともに，性能も劇的に向上したことが，視聴場所だけではなく，視聴時間の選択の幅にも大きな影響

を与えている。視聴者はデジタル化によるレイヤー構造の変化により，番組を見るスタイルの選択肢の幅が大きく広がり，テレビ番組にしばられないライフスタイルをとることが可能となった。

▶▶ 広告主企業への影響

企業の広告出稿には以下の2種類が存在する。

① スポットCM：番組を指定せず，様々な番組にCMを放送し，特定のターゲットよりも大衆への訴求を求める
② タイムCM：番組を指定してCMを放送し，その番組を見る人にターゲットを絞って訴求する

従来の広告主企業は，ある地域でテレビでCMを放送する場合，その地域の県域免許を持つテレビ放送事業者に広告宣伝費を支払っていた。スポットCMにしろ，タイムCMにしろ，テレビ放送事業者と番組を選択し，時間帯や番組内容によって価格を設定していた。つまり，企業は番組を選択することでテレビ放送事業者も同時に選択し，CMを放送していた。

しかし，デジタル化により視聴デバイスが多様化し，レイヤー構造化が進むにつれ，視聴習慣が変化している。視聴者が本当に見ている時間が把握できなくなり，番組視聴率自体の信頼性も失われつつあるため，企業にとって新たな広告出稿方法が検討されはじめている。例えば，ある番組Aに広告を流そうとした場合，従来であれば，その番組Aを放送しているテレビ放送事業者を選択し，その事業者に広告宣伝費を投下していた。

レイヤー構造化が進むにつれ，番組Aがインターネット上やVODで見られるようになることで，広告主企業は，テレビへの出稿だけではなく，VODやインターネットなどCMの放送場所を選択することが可能になっている。また，BS/CS放送を自由に見ることができるようになったことで，地方のテ

レビ放送事業者を利用せず，全国にCMを放送できる手段も確立されてきている。ただ，すでに述べた通り，BS/CS放送に関してはいまだ明確な指標がないため，企業としてはBS/CS放送に積極的にCMを流すには至っていない。今後指標が確立されることで，広告主企業の選択の幅はより広がると考えられる。

▶▶ テレビ放送事業者としての新たな取り組み

テレビ放送事業者としては，レイヤー構造の変化により，支援サイドである視聴者の視聴スタイルが変化し，従来の広告収入が減少する懸念がある一方で，別の視聴デバイスによる収益を獲得する機会が生まれている。例えば，VOD市場では定額課金制をとりつつ新たな広告モデルを実施することで，VODユーザと広告主企業の双方から収入を得ることが可能になるかもしれない。

また，従来の広告収入を確保する1つの手法として，2014年10月より，タイムシフトでの視聴率を計測し，活用していく動きも始まった（関東圏のみ）。この手法では，放送日を含む3日以内の視聴率をC3と呼び，同7日以内の視聴率をC7と呼ぶ。これらの指標により，これまでは計測不可能だった視聴率を加味した広告指標を利用することが可能になる。さらに，インターネットを使った見逃し配信にも，従来の地上波放送でOAされた企業とは異なる企業のCMを放送し，見逃し配信独自でも広告収入を上げる動きも出てきている。

▶▶ レイヤー構造化に対応するテレビ放送事業者の戦略：動画配信に積極的な日本テレビ放送網

2014年2月28日，日本テレビ放送網がHuluの日本事業を譲り受けることを明らかにした。日本テレビ放送網は，テレビとスマートフォンを組み合わせて視聴する「ジョインTV」を独自開発するなど，それまでもキー局の中でも先駆けてテレビとインターネットの融合を目指してきた。Huluとは，月額933円（2014年10月22日現在）でテレビ番組や映画を見放題のオンライン動画配信

サービスである。サービスのスタートは米国で，日本では2011年9月1日にはじまった。米国では，NBC傘下のテレビ局やSonyPictureなどの映画会社も参画しており，50社以上のコンテンツを網羅している。その一方で，日本では，主たるコンテンツホルダーであるテレビ放送事業者の協力が，一部を除き積極的には得られず，加入者も60万人程度と低迷していた。そこで，日本テレビ放送網が買収を決行したが，買収額は1円だったとも報じられている（2014年3月18日発行「日刊合同通信」第59巻第14241号）。

　この買収の背景には，地上波放送に依存する広告収入だけでなく，制作コンテンツからの収入拡大を見込むために定額制VODは必要な事業であるという日本テレビ放送網の考えが浮かび上がる。また，通信キャリア系のVOD事業であるNTTドコモのdビデオ，ソフトバンクのUULAに対抗する手段を必要としたとも考えられる。日本テレビ放送網の大久保好男社長は「日本テレビのHuluではなく，日本の動画配信プラットフォームとして全世界のコンテンツを集めて利用者に届ける」と発言している。

　このようなことから，日本テレビ放送網によるHulu買収の目的は，デジタル化をきっかけとした視聴デバイスの多様化による若者のテレビ離れが顕著になる中で，視聴者の生活スタイルに合わせたコンテンツの提供を実施していくことであると推察できる。さらには視聴デバイス，時間，方法を視聴者が自由に組み合わせ，視聴者が様々な選択をできるようになったことに，テレビ放送事業者として柔軟に対応し，最終的には収益の柱である地上波放送への回帰を促すことを目指していると考えられる。2014年7月からは，一部の日本テレビ放送網の番組を実際の放送より1週間前倒しで先行配信している。実際の放送は日本テレビ放送網でしか見ることができない（送信局とコンテンツは分離していない）ため，先行配信を見た視聴者は地上波放送も見ることになる。また，Hulu自身も2014年9月12日からはバンダイチャンネルと提携し，「機動戦士ガンダムSEED」のようなアニメを拡充する他，さらに2014年内には500本以上の映画を追加するなどでコンテンツの充実に努め，会員の獲得に力を入れている。

一方で日本テレビ放送網は，Hulu以外にも，「いつでもどこでもキャンペーン」という番組の見逃し配信サービスも実施しており，ユーザ数はすでに500万人を超えているという。この「いつでもどこでもキャンペーン」の収益モデルは広告モデルであり，CM枠を設ける試みを始めている。日本テレビ放送網が独自に「いつでもどこでもキャンペーン」を実施する一方で，在京民放5局がまとまってネットを使った見逃し視聴を実施する可能性も模索されている（2014年9月18日：民放連定例会長会見）。日本テレビ放送網としては，他局に先駆けて，レイヤー分離を利用してインターネット事業やVOD事業に参入しているだけに，競合と協力した業界としての動きにどのように対応していくのか。構造変化に対応するテレビ放送事業者の戦略を示す1つの事例として，日本テレビ放送網の今後の動向が注目される。

6　シェアエコノミー

▶▶ レイヤー化によって生まれた新しいビジネス：古くて新しい概念

　シェアエコノミーとは，提供者が所有するモノ，サービスを，利用者が共有することにより成り立つ市場経済の仕組みのことである。米国で10年前から使われ始めた言葉で，レイチェル・ボッツマンが2010年に書いた『シェア』という本によっても有名になった。企業などが所有するモノを多くの人が共有することだけでなく，広義には個人と個人がモノを直接交換・共有することも含まれ，その意味においては昔から存在する「蚤の市」もシェアエコノミーといえる。そのため，特段新しい概念ではないともいえるが，昨今，ICTの普及によって改めて21世紀型のシェアエコノミーが注目を集めている。

　シェアエコノミーは，個人が所有する多くの種類のモノが対象となり得る。例えば，移動手段では自動車・自転車・バイクなど，アパレル関連では服・

靴・ネクタイ・時計など，住居関連では空き部屋・駐車スペース・別荘などである。今後，ますます個人が所有する多くのモノがシェアエコノミーサービスの対象となっていくと考えられる。

▶▶ ネット・スマホ・SNS がシェアエコノミー拡大の背景に

　シェアエコノミーの拡大の背景には，「ネット」「スマホ（スマートデバイス）」「SNS」が社会に普及したことがある。ネットの普及によって世界中のあらゆる余剰なモノを可視化しシェアすることが容易になり，スマホの普及により GPS 機能を利用して位置情報を活用したサービス提供者とユーザのマッチングが容易になった。そして SNS の普及により，サービス提供者とユーザの信頼度をチェックしたり評価を確認したりすることが簡単に行えるようになった。これらの要素が複合的に絡み合い，シェアエコノミーが一気に拡大する背景となっている。スマホさえあれば，それまで知らなかった人のクルマにそれまで知らなかった人と相乗りできたり，世界中の行きたい都市のそれまで知らなかった個人の空き部屋に宿泊できてしまうようになったのだ。

　また，シェアエコノミーの魅力として，利用者同士の新たな出会いや交流が生まれ，これまでのサービスでは体験できなかったような感動体験ができるということが挙げられる。先進国を中心に，利用者が経済的価値を基準とした消費では飽きたらず，「出会い」や「繋がり」といった社会的価値を重視するようになっていることも，シェアエコノミーの背景にあるといえるかもしれない。

▶▶ レイヤー構造化によりシェアエコノミーという新しい市場が創出された

　21世紀型のシェアエコノミーが生まれる以前は，ある個人の余剰資産に対して第三者がアクセスすることは，親しい知人同士を除けば基本的には不可能だった。しかし，ネット・スマホ・SNS の普及によりシェアエコノミーのプラットフォームサービスが生まれ，個人の余剰な資産に第三者の利用者が一定

の条件のもと[1]アクセスすることが可能になった。シェアエコノミー以前には取引市場が存在しなかったモノやサービスに対して，プラットフォームサービスによりレイヤー構造化が進展し，新しい取引市場が創出されたのである（**図表3-24**）。

今まで市場に流通していなかった個人の余剰な資産がネットを通じて市場に流通し，ユーザが共有・利用できるようになることがシェアエコノミーの本質的価値である。後述するUber（ウーバー）のような個人の自動車相乗りサービスは，今までアクセスできなかった個人のクルマにアクセス可能になるという点で純粋なシェアエコノミーと呼べる[2]。同じく，旅行業界におけるAirbnb（エアビーアンドビー）は，旅行者が個人の部屋にアクセスすることを可能にしており，典型的なシェアエコノミーと呼べる。

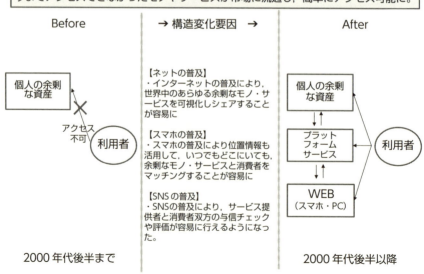

図表3-24 レイヤー化によるシェアエコノミーの誕生

出所：筆者作成

▶▶ UberとAirbnbに見る特徴ある事業者の状況

(1) Uber

　代表的なシェアエコノミーとして，2010年6月創業の「Uber」（米国サンフランシスコ州）という企業が運営するオンデマンド配車・送迎サービスがある（**図表3-25**）。2016年1月現在，67ヶ国・300以上の都市で展開しており，スマホの位置情報を活用し，外出先で乗りたい場所を登録すると，タクシーやハイヤーがその場所に迎えに来てくれる。料金は「基本料金＋距離／時間料」で，支払いはクレジットカードで自動決済できる。海外では運賃の他に通常チップも必要だが，チップ込・現金いらずとなっており，その点も便利である。収益モデルとしては，ハイヤー事業者側から，ソフトウェアとサービス利用料として，乗車料金に対して10％程度を課金する。

▶▶ 単なる乗車ではなく，ドライバーとの交流ができる

　Uberの乗車者は，ドライバーを指定して配車を依頼することができる。Uberアプリには，ドライバーの評価や過去の乗車者による口コミレビューが載っており，評価の高いドライバーを選ぶことができる。また，一度乗って気の合うドライバーがいたら，次回から指定して配車を依頼することなども可能となり，擬似的な自分専用のハイヤーのような感覚を味わうこともできる。米国では毎日の通勤に決まったドライバーを指名し，「おはよう，今日もよろし

図表3-25　Uberのホームページ

出所：Uberホームページ

く」という挨拶を交わしている利用者もいる。

▶▶ Uberによるレイヤー構造化と新しい市場の出現

　Uberが現れるまでは，利用者はタクシーに乗る際，流しのタクシーに乗るか，タクシー会社に電話して指定の場所に配車するかしか選択肢がなかった。また，当然，個人の余剰なクルマにアクセスすることはできなかった（**図表3-26**の「Before」の状態）。しかし，Uberの登場により，利用者はUber登録車に（ドライバーの指定も含めて）自由にアクセスできるようになった。Uberの出現により，タクシー業界の市場がレイヤー構造化し，車をシェアするための新しい市場が出現したのである。

　ここで一点注意したいのが，国によっては，個人が自家用車を使ってタクシー営業している車（いわゆる白タク）の登録が法律的に認められておらず（日本もその一つ），ケースによっては純粋なシェアエコノミーとは呼べず，登録済みのタクシー会社と乗車者の間の配車マッチングサービスとなっている

図表3-26　Uberによるタクシービジネスのレイヤー構造化

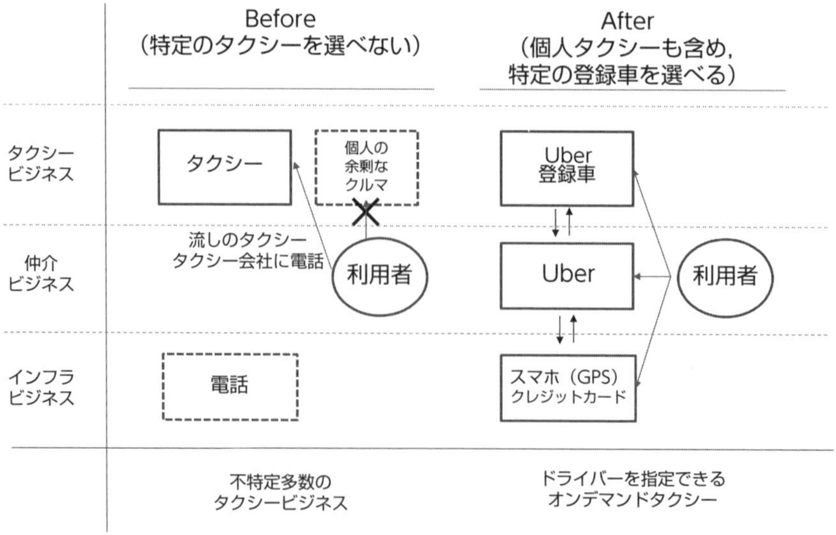

	Before （特定のタクシーを選べない）	After （個人タクシーも含め，特定の登録車を選べる）
タクシービジネス	タクシー　個人の余剰なクルマ×	Uber登録車
仲介ビジネス	流しのタクシー／タクシー会社に電話　利用者	Uber　利用者
インフラビジネス	電話	スマホ（GPS）クレジットカード
	不特定多数のタクシービジネス	ドライバーを指定できるオンデマンドタクシー

出所：筆者作成

ケースもあることだ。

(2) Airbnb

次に，2008年8月創業の「Airbnb」（米国サンフランシスコ州）という企業が提供する不動産のオンラインマーケットプレイスサービスを紹介する（**図表3-27**）。このサービスは，使用しない空き部屋や空き家などの不動産を家主に提供してもらい，それを一時利用する人に貸し出すという仲介を目的とする媒介型プラットフォームサービスである。

設立以来，登録者・利用者が右肩上がりで急成長しており，2016年1月現在，世界190ヶ国34,000以上の街の80万件以上の物件が登録されている。扱っている物件は，アパートの空き部屋や戸建てがメインだが，なかには城やツリーハウス，中世の邸宅，個人所有の島といったスケール感が異なるものも含まれている。

サービスを利用するには，ユーザ登録とオンラインプロフィールの作成が必要で，プロフィールには貸し借りについての過去のレビューも記載される。自分が所有する住居などを貸す方は「ホスト」と呼ばれ，全世界に200万人，借りる側は「ゲスト」と呼ばれ，これまでに6,000万人以上の利用者数がいる（2016年1月現在）。ホスト側は，物件の画像，宿泊料，アメニティ，利用制限，近隣住民の詳細情報などを載せる義務がある。ゲスト側は家主に自己紹介とな

図表3-27　Airbnbのホームページ

出所：Airbnbホームページ

るメッセージを送ることが必要で,「互いの信頼によって成り立つコミュニティシステム」による貸し借りビジネスと位置づけられている。

　利用する際には，都市名や世界中のユニークな住まいをサイトから検索し，泊まってみたい宿を決める。借りる際には，実際に泊まったゲストのレビューを見て判断することができ，宿泊したい物件が見つかったら，ホストに簡単な自己紹介や訪問の目的などを送信する。そしてホストに正式な予約のリクエストを送り，ホスト側が受け入れれば契約が成立となる。

▶▶ ソーシャルメディアの信用情報が有効に

　ホストもゲストも運転免許証などの政府発行の身分証明書の提示義務があるが，ホストとゲストどちらも「信頼できるか否か」を見極めるのにソーシャルメディアが果たしている役割が大きい。ホストもゲストも Facebook アカウントや LinkedIn アカウントを通じてお互いの信頼性を高めることができる。Facebook や LinkedIn は実名登録制のため，それぞれの個人情報や友達ネットワークを見ることができる。もちろん SNS では偽装アカウントを作成することは可能だが，友達が数人しかいないか数百人いるのか，過去の投稿がどれくらい前からされているかなどを見れば，そのアカウントの確からしさを見極めることはそれほど難しくはない。またどんな書き込みを投稿しているかで，その人の人間性も垣間みられる。これらが「信頼」の根拠になっている。ソーシャルメディアの発達によって，このビジネスモデルが可能になったといってもいい。

　収益モデルとしては，ホストから予約料の3％，ゲストからは予約料に応じて6～12％の手数料を取る。利用料はホストに決定権があり，「Airbnb」を通して支払われる。ホストはゲストのプロフィール等を見て宿泊を拒否することができ，もし，部屋がゲストに汚されれば，最高8,000万円の保証がつくなど，ホスト側へのサービスも充実させている。

▶▶ ホストとゲストの特別な体験を重視

　Airbnbは単に旅先の宿泊先を提供することを目的としておらず，「人びとを結びつけ，特別な旅行の経験を提供し，異文化理解の促進をサポート」し，「心ある人たち同士の，リアルな出会いや友情を創り出す」ことをビジョンとしている。Airbnbならではの体験として，旅行ガイドに載っていない地元の人しか知らないような穴場レストランをホストに紹介してもらったり，ホストの友達と一緒に大人数で飲みにいったりなど，予測できない体験が価値となっている。そのため，Airbnbはホストに対して，おもてなしの精神をもってゲストを迎え，自分と家本来の持ち味でゲストの旅をひと味違ったものにする工夫をするよう強調している。利用者であるゲストは，ホテルや旅館では味わえないAirbnbならではの体験を通じ，再びAirbnbで旅をしたいとリピートすることが多い。

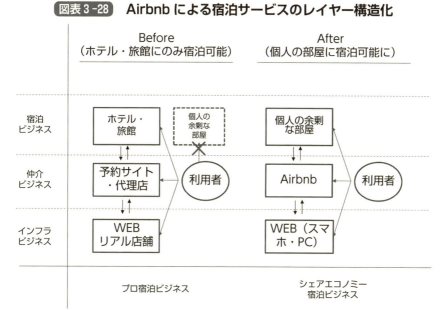

図表3-28　Airbnbによる宿泊サービスのレイヤー構造化

出所：筆者作成

▶▶ Airbnbによるレイヤー構造化と新しい市場の出現

　Airbnbが現れるまでは，旅行業界における宿泊サービスの構造は**図表3-28**の「Before」のような状況にあった。すなわち，宿泊ビジネスレイヤーのホテルや旅館に利用者が泊まりたい場合，直接当該レイヤーにアクセスする。もしくは，JTBやHISのような旅行代理店，楽天トラベルやじゃらんなどの旅行予約サイトを経由して，アクセスが可能だった。しかし，そのような仲介ビジネスレイヤーを介しても，個人の余剰な部屋にはアクセスできなかった。Airbnbの登場により，スマホやPCを通じて，利用者は個人の余剰な部屋にアクセス可能となったのである。シェアエコノミーのレイヤー構造化により，新たな市場が生まれたのである（**図表3-28**の「After」）。

▶▶ 低資本で新規参入が容易，勃興するシェアエコノミー関連のスタートアップ

　UberおよびAirbnbは，シェアエコノミーの代表格として，市場でも高く評価されている。両社とも未公開企業のためあくまで憶測ベースであるが，2015年時点でUberの企業価値評価額は約5兆円を超えるともいわれ，Airbnbについても約2兆円を超えているといわれている。現在，両社のようなシェアエコノミー型のスタートアップが数多く立ち上がっており，同種のビジネスモデルは社名をもじって，"Uberfication"や"Airbnb for x"などと呼ばれている（**図表3-29**にあるように，Googleで"air bnb for"と検索窓に入れると様々なワードが出てくる）。

図表3-29 Airbnb for x

- airbnb for cars
- airbnb for boats
- airbnb for dogs
- airbnb for ipad
- airbnb for food

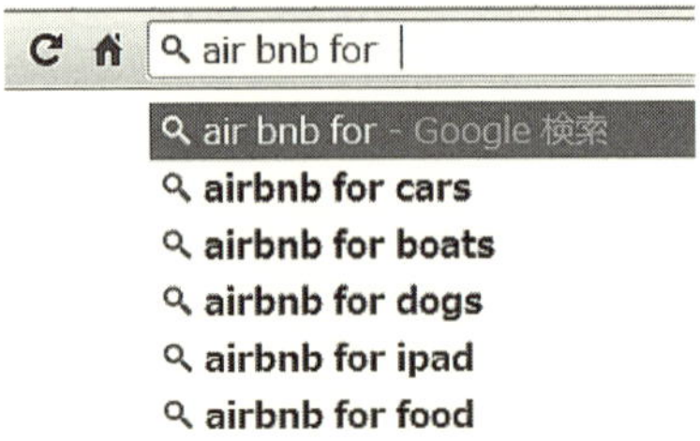

出所：googleの検索窓

こうしたシェアエコノミーのプレイヤーは，ウェブやアプリベースの媒介型プラットフォームのビジネスモデルであるため，アイディアと技術開発力さえあれば小資本で参入できる。そのため当該業界以外の異業種新規プレイヤーの参入が相次いでおり，現在，数多くのプラットフォームが市場に生まれている。

日本でも，フリマアプリで米国にも進出している「メルカリ」，Uberの弁当配達版の「Bento.jp」，レンタルスペースや会議室を簡単に貸し借りする「スペースマーケット」など，将来大きく成長する予感を感じさせる有望なスタートアップが数多く出始めており，今後の展開に注目したい。

▶▶▶ 国や地域ごとに，法律的な解釈が違い，対応が必要

シェアエコノミーのサービスでは，国や地域ごとに法的解釈によってはサービス展開が難しい場合も多々ある。

例えば，Uberはタクシー営業の許可がなくても客を車に乗せて運賃を徴収できる，いわゆる「白タク」に近いビジネスのため，米国でも州によっては違法とみなされ，禁止されている。カリフォルニア州でも最初は，規制当局（カリフォルニア州公益事業委員会）からサービス中止を指示されたが，そのままビジネスを続け，2013年9月には「Transportation Network Companies（運輸ネットワーク会社）」という新しいカテゴリーのビジネスとして，正式に認められた。

ただ，各国での展開は一筋縄ではいっていない。2014年には，ヨーロッパ各地でUberによる業務妨害に対して反対する数万人のタクシー運転手が，大規模なデモを実行した。2015年には，フランスUberのCEO2名が違法性を疑われ，フランス当局に逮捕された。日本ではタクシー規制が厳しく，米国型のビジネスモデルは実現しておらず，既存のタクシー業者を活用した配車マッチングサービスとなっている。

また，Airbnbについても，展開している多くの都市において，違法である可能性が高いことが指摘されている。例えばニューヨークの州法では，アパー

トの家主が不在の場合，30日未満の短期間で誰かに部屋を貸すことを禁じている。しかし，実際にはそのようなケースが横行している，とニューヨーク州は調査を通じて警告している。日本では，ホテルとして営業・販売する場合，地方自治体の首長の許可がないと違法になるため，あくまでも自分の家（部屋）を個人として貸すということでこのビジネスは成り立っているが，今後規制がどのような方向に進むかは注目される。

▶▶ ついてまわる安全への不安と責任

　法律的な問題に絡んで，安全面での問題もある。例えばUberでは，Uberのドライバーが起こした交通事故は，誰が責任を取るのか，という問題が出てくる。Uberは「我々はプラットフォーマーとして，ドライバーと乗車者をマッチングしているだけで，事故の責任は取らない（あくまでドライバーの責任）」という立場だが，交通事故にあった被害者の立場からすれば，感情的にはUberに責任を取らせたいという気持ちが生まれるのは自然なことだ。

　また，Airbnbにおいては，部屋が売春に利用されたり，女性のホストがゲストによって危険な目にあわされたりするという事案が後を絶たない。Airbnbは様々な安全上の対策を講じてはいるものの，サービスの性質上，Airbnbが100％安全を保証することはどうしても難しい。サービス提供者として，サービスを運営し続ける限り，安全への責任はどこまでも問われることになるであろう。

▶▶ それでも，シェアエコノミーの拡大の流れは止められない

　このように，法律面・安全面で様々な課題を抱えているシェアエコノミーであるが，拡大の流れは恐らく止まることはないであろう。グローバルに展開するイノベーティブなネットサービスは，グーグルにしろアマゾンにしろ，各国の既存の法律や規制，時には政府との摩擦を数多く引き起こしているが，それでも圧倒的なユーザの支持を背景に拡大してきている。シェアエコノミーは，不特定の個人と個人（の資産）が，国を超え，時間を超え，容易にマッチング

するという，インターネット登場以前には考えられなかった価値をユーザに提供しており，様々な壁と衝突しながらも今後ますます拡大していくであろう。

注◆

(1) 例えば，サービスによっては個人の与信のためにFacebookアカウントの認証手続きなどがある。
(2) 日本では法律上の観点（いわゆる白タク問題）から，純粋なシェアエコノミーとなっておらず，既存のタクシー業者を中心とした配車マッチングサービスとなっている。

引用・参考文献◆

<クラウドコンピューティングとコンピュータ業界>
- 井原敏宏（2014）「日本IBMも参入，マーケットプレイスがクラウド"陣取り競争"の舞台に」（2014年10月2日）
  http://itpro.nikkeibp.co.jp/atcl/column/14/346926/093000068/
- 松岡功（2014）「IBMが目論むPaaS統合戦略」，ZDNet Japan（2014年9月3日）
  http://japan.zdnet.com/article/35053183/
- 矢野経済研究所（2014）「CRM市場の実態と展望2014」
- Gartner（2015a）「Market Share Analysis: Customer Relationship Management Software, Worldwide, 2014」（2015年5月）
- Gartner（2015b）「Gartner，クラウドインフラストラクチャサービス部門におけるマジッククアドラント」Lydia Leong, et al.（2015年5月18日）
  https://aws.amazon.com/jp/resources/gartner-2015-mq-learn-more/

<モバイル通信ビジネス>
- 総務省（2002）「MVNOに係る電気通信事業法及び電波法の適用関係に関するガイドライン」

- 総務省（2012）「国際電気通信連合（ITU）無線通信総会（RA-12）の結果」
- 総務省（2013）『平成25年版　情報通信白書』
- 総務省（2014）『平成26年版　情報通信白書』
- 『日経 MJ』（2014年6月11日）「2014年上期ヒット商品番付」

＜ゲームビジネス＞
- 奥谷海人（2010）「奥谷海人の Access Accepted 第287回：増え続ける北米のゲーム開発費用」（2010年12月13日）
  http://www.4gamer.net/games/036/G003691/20101213018/
- 内閣府（2014）「消費動向調査　平成26年4月実施調査結果」
  http://www.esri.cao.go.jp/jp/stat/shouhi/2014/201404shouhi.html

第4章
業界別動向②
―リアルビジネス―

1 決済・POSレジビジネス

▶▶▶ 日本におけるクレジットカード決済の特徴

　日本におけるクレジットカード決済市場はユニークである。日本人の保有カード枚数は約3.2億枚で，1人あたりの保有枚数は2.7枚とカード利用先進国の米国の2.6枚より多いくらいだが，実際の利用率（デビット・チェックを含む）は約12％と，過半数を越えるカード利用先進国と比較すると低くなっているのが特徴である（図表4-1）。

　多くのカードホルダーがいながら利用率が低い現状であるが，利用率がカード利用先進国並みの過半数を越えてくるようになれば，市場は現状の34兆円から140兆円超にまで大きくなるのではないかと予想されている。日本におけるカード決済の利用率が低い理由の1つは，カードを使える店舗が限られているという，主に店舗側の理由が大きい。一般ユーザ側については，現にクレジットカード決済が主流のEコマースの市場規模は年々増加している。したがって，店舗側にクレジットカード決済を導入するハードルが存在しているといえる。

　クレジットカード業界の構造に簡単に触れておくと，まず，VisaやMasterのような大資本のカードブランド会社があり，一般にいうクレジットカード会社はここにあたる。また，イシュアと呼ばれるカードを実際発行する企業があ

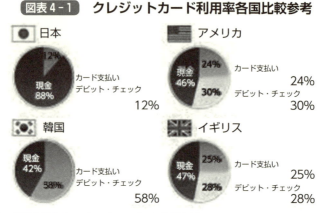

出所：日本の消費者統計（2010年日本クレジット産業協会）

り，三井住友銀行などがそれにあたる。さらにアクワイアラーと呼ばれる企業は，カード決済取り扱い加盟店の開拓と管理を主な業務としている。

クレジット決済導入の4つのハードル

　日本の小売店舗においてカード決済機能の導入が進まない理由は，第一に，加盟店を管理しているアクワイアラーによる加盟店加入の審査基準が厳しいということがある。これは売上を確実に確保するためだと考えられるが，特に小型店舗には審査が厳しい。つまり，そもそもクレジットカード決済を導入したいと思っても加盟店として入ることができないことがある。第二に，クレジットカード決済を行うCAT端末を導入する費用が高く，また，三番目の理由として，クレジットカード決済のたびに店舗側から徴収する手数料の負担が大きいという資金的な面も小型店のボトルネックになっている。第四の理由として，カード会社から店舗への入金のタイムラグが1ヶ月程度あり，日々の運転資金確保が重要である小型店舗にはハードルになっているようである。

　このような4つの理由から，中小企業庁の調査によると，日本にはクレジットカード決済導入に踏み切れない店舗が190万店舗ほどにものぼると言われている。要するに，大型店舗か資金をもつ高額商品を扱う店舗以外では，クレジットカード決済サービスを導入するハードルが日本ではまだまだ高く，それ

がカード利用率の低さにつながっていると考えられる。

▶▶ スマホ決済によるレイヤー構造の変化

　このような状況に目を付けたのが，スマホ決済システムの企業である。急速に普及しているスマートフォン（スマホ）端末に小さなデバイスを接続し，専用アプリをダウンロードするだけで使用可能になるため，CATなど専用端末の導入および維持コストを支払う余裕のない小型店舗や個人間での活用が広がりつつある。

　図表4-2は，従来のクレジットカード決済の形態と，新しいカード決済の構造を示したものである。図の左側は従来の形態で，利用者はクレジットカード決済取り扱い加盟店でのみ使うことができるが，店舗の導入ハードルが高く，

図表4-2　スマホ決済の浸透によるレイヤー構造変化

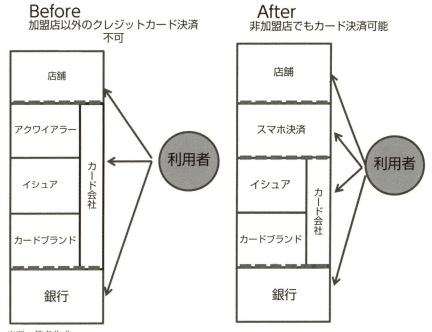

出所：筆者作成

小型店舗では利用できないことが多い。図の右側は，スマホ決済ができるようになったときのレイヤー構造である。スマホ決済事業者は店舗とカード会社の間に新たに登場してきたプレイヤーであり，従来のアクワイアラーと似たような役割を果たしているが，クレジットカード決済導入のハードルを著しく下げたアクワイアラーといったイメージである。

　スマホ決済事業者の登場で，クレジットカード決済を提供可能な店舗が大幅に増え，利用者の利便性向上に貢献している。それは，スマホ決済企業による審査ハードルは非常に低いからである。また手数料率は3.25％程度であり，通常のクレジットカード決済の負担率である５％程度より低い。さらに，カードリーダーの導入コストは，ゼロか非常に安価である。振込のサイクルも短く，特に日々の運転資金が重要な店舗にとってもハードルが下がる大きな理由になっている。

▶▶ スマホ決済の優位な市場

　図表４-３は，スマホ決済と他の一般のクレジットカード決済や電子マネー・交通カードなどの手段とを比較したものである。図の左上にあるように，クレジットカード決済手数料率が低く，店舗側にとって負担の少ないデパートや家電量販店やコンビニ業界にとっては，スマホ決済による手数料の低さに優位性はないため，スマホ決済はまったく浸透していない。電子マネーや交通カードといった決済サービスも，駅中やコンビニなど，基本的に大型の店舗ネットワークを持つ店で浸透しており，ユーザの利便性も高いことから，他の決済手段に代替されることのない地位を確立している。一方で，図の中ほどの一般小売店や専門店，飲食店などでは，導入コストや手数料の高さを嫌い，スマホ決済に置き換える事業主も増えている。また，図の右上，個人間取引や移動型店舗のような領域はそもそもカード決済がほとんど浸透していなかった市場であるが，ここにもスマホ決済の新規導入が進んでいる。

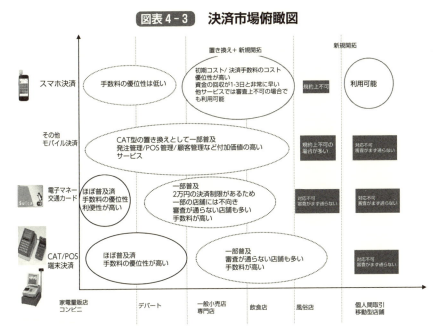

図表4-3 決済市場俯瞰図

出所：筆者作成

▶▶ スクエアが切り開く個人間取引

　スマホ決済の代名詞とも言われるスクエア（Square）は，Twitterの創業メンバーであるジャック・ドーシー率いるスクエア社によって展開されている（**図表4-4**）。拠点はサンフランシスコにあり，レジスターとスクエアウォレットといったアプリケーションやサービスを売り出している。サービス開始は2009年である。

　彼らの言葉によると，スクエアの使命は「皆様の商業活動をかんたんにすること」で，「ビジネスの規模にかかわらずすべての人たちを，いつでもどこでも支えること」となっている。また，スクエアは，モバイルクレジットカード決済の先駆けとして，すでに米国では，7,000にものぼるスターバックス全店を含む何百万ものビジネスの支援をしている。日本では三井住友カードと業務提携をし，Apple Storeとローソンはスクエアリーダーの販売パートナーとなっている。

図表4-4　スクエアホームページ

出所：スクエア　ホームページ

　仕組みとしては，支払い時に使用するカードリーダーを無料または安価で提供し，無料の専用アプリをダウンロードして利用可能になる。収益モデルとしては，クレジット取引のたびに3.25％の手数料を徴収している。振込サイクルは最短翌日，遅くとも2日後には振り込まれ，資金回収サイクルが短い。また簡易的な商品管理ツールや売上管理ツールなども無料で利用可能になっており，小規模店舗にはメリットがある。

　そもそもクレジットカード決済を使うことすら想像もしていなかった業界，例えば，フリーマーケットや，税理士などの「士業」，あるいは習い事の先生など，個人でビジネスを展開している業界においても活用され始めており，スクエアを始めとするスマホ決済の活用の裾野が広がっている。

▶▶ POSレジソリューション市場の構造変化

　小型店舗におけるスマホ決済の導入が広がる中，スマホやタブレット等のデバイスを活用したレジソリューションの展開も広がってきている。これまで資金を潤沢に持たない小型店舗においては，クレジットカード決済の導入やPOSレジといった専用事業者が提供する本格的なリテールソリューションを

利用することは難しかったのであるが，スマホやタブレットの浸透によって，小規模店舗にクレジットカード決済のみならずPOSレジソリューションの利用も進んでいる。

　国内のPOS専用機市場は，9割が同じ事業者による更新（自社リプレース），1割が異なる事業者によるリプレースで，完全なるリプレース市場である。つまり，新規導入はほとんどない。

　そもそもPOSとは，商品の販売・支払いが行われるその場（point of sales）で，その販売データ（品名，数量，販売時刻など）を収集することで，販売動向を把握する仕組みである。スーパーマーケットやコンビニエンスストアのレジにおける一般的なPOSシステムは，ストアコントローラと呼ばれる店舗売上管理コンピュータと，バーコードスキャナが付いたPOS対応レジスタ（POSターミナル）からなり，レジ精算時にPOSターミナルで商品に付いたバーコードを読み取り，データ収集と価格計算・レシート発行を同時に行う。

　従来のPOSターミナルは，高スペックだが高価ということから，本来POS機能を必要としながらも導入に踏み切れない中小店舗が多い。POS機能への潜在的な需要はかなり高いのであるが，価格の面から導入をためらう店舗が多数あった。

▶▶ スマートデバイスを活用した簡易POSレジの浸透

　安価で普及が進んでいるスマートデバイスを活用できるようになって，小規模店にとってのPOS導入の障壁は大きく引き下げられた。導入にあたっては，タブレット端末の他にはキャッシュドロワー（現金引き出し）やレシートプリンタなどの備品を備え付けることで，本格レジとして利用できる。タブレットや，プリンタ，ドロワーを無料配布し，レジアプリをダウンロードできるようにし，サービスをすべて無料で使用できる代表的サービスが，リクルートグループのAirレジである。競合企業の中には，タブレットやレジ備品は無料で提供しつつも，サービス機能の利用料を月額課金するタイプのサービスも登場している。

図表 4-5　POS レジ業界のレイヤー構造変化

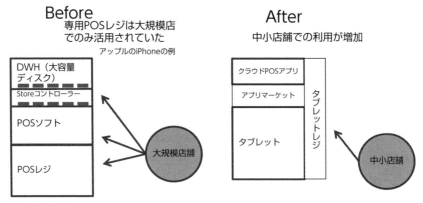

出所：筆者作成

　図表 4-5 の左側に示した通り，タブレットレジが登場する以前は，POS レジといえば，レジに専用の POS ソフトウェア，ストアコントローラおよび大規模データにアクセス可能な管理システムを導入する必要があった。そのため，実際に導入可能な店舗は，スーパーやコンビニのようなある程度資本力をもった企業に限られていた。一方，図の右側に示したタブレットレジでは，クラウドに接続した専用アプリをタブレットに実装することで，本格的な POS 機能を持ったレジとして使用することが可能である。また，専用の会計ソフトや在庫管理ソフトなど外部サービスと連携し，レジのソリューションだけでなく，小売店舗運用の総合的なサポート機能を持たせることができる点では，ユーザの選択肢も広がって，まさにタブレット革命といえる。導入コストと運用コストが格段に低いため，大規模店のみで活用されていた POS レジソリューションサービスに今まで無縁であった中小店舗での利用が増加しつつあり，POS レジ市場のビジネスが活況を呈し始めている。

　タブレットレジの市場への浸透パターンはおおまかに 3 種類あるようで，1 つは，スマホ決済の導入からスマートデバイスを活用したレジ周りの総合的なソリューションの導入に踏み切るパターンである。スマホ決済においても簡単な POS 機能が使えるが，もっと本格的な機能も活用してみたいという需要が

生まれる。二番目は，すでに POS レジを提供している事業者がタブレットを活用した POS レジを提供するべく事業領域を広げて進出してくるパターンであるが，こちらは今までのビジネスへの影響が多いため，巷を賑わせるニュースも多い。また，最近では，以下に紹介するリクルートのような大手企業が，新規参入するパターンもある。このパターンでは，従来型の POS レジを導入するかどうか検討していた店舗が，いっそのことタブレットレジにするという事例もあるようだ。

このように，タブレットレジの登場は，スマホ決済と同様に，潤沢な資金力を持たない小型店舗にも，これまで得ることのできなかった機能やサービスを利用できるようにした功績は大きい。

▶▶ Air レジの衝撃

リクルートグループの提供する POS レジソリューション Air レジは，タブレットレジの草分けである。特徴はサービス利用が無料であることで，今のところリクルートは Air レジ単体でのマネタイズを考えてはいないようだ。無料というのは画期的で，本来高価なサービスである POS レジが無料になるというのは衝撃的ですらある。

Air レジでは，スマホやタブレット端末をそのままレジとして利用可能で，レジ周りがすっきりしている。クレジットカード決済導入ハードルのもう 1 つの理由にレジ周りのデザイン性の悪さもあるが，Air レジはこれを克服しているため，店舗の雰囲気を大事にする専門店舗などで導入が増えている。

POS レジを導入したいと思っていてもこれまで価格がネックであった中小の店舗に対して，Air レジの「お試しスターターパック」一式として，タブレット，ドロワー，プリンタなどを，初期費用，月額利用料ともに無料でレンタルしている。いずれは広告モデルなどでマネタイズしていくと思われるが，現状はサービスの浸透が主目的になっているようだ。

▶▶ Airレジのベーシック機能

　Airレジでは，注文は，店内の複数のiPad，iPhone等から入力が可能で，画面をタッチするだけで簡単スピーディに操作できる。会計も，顧客から受け取った金額を入力して，さっとスライドするだけで済む。割引メニューや支払情報も自由に設定可能で，レジで受けた情報はリアルタイムにクラウドサーバに送信され，売上額や顧客の入り状況をいつでもPC・スマホから確認できる。

　バーコードリーダーを使って，商品情報のバーコード情報を読み取り・検索することもできる。バーコードは，商品登録時にAirレジ側で自動発番することができる（インストアコードの自動生成機能）。

　売上管理や顧客管理，在庫管理など，リテール店舗が必要とする機能を一通り備えており，飲食店の場合は予約管理や各テーブルごとの売れ行きの状況まで把握できる。

　Airレジは前述したスクエアと連携しており，クレジットカードでも簡単に決済できる。また利用している店舗の売上データは，freeeというクラウドサービスに会計データとして自動的に取り込むことができ，各店舗は，手間なく簡単に帳簿作成から決算書の作成まで会計業務全般を完結できるようになる。

　freeeとは，個人事業主や，中小企業のためのクラウド会計ソフトで，簿記の知識がなくても簡単に使える。銀行口座やクレジットカードの明細を自動で取り込み，面倒な記帳を自動化する機能も持っている。

▶▶ タブレットレジは今後も発展する

　スマホ，タブレットの普及がスマホ決済サービスの浸透を促進し，クレジットカード決済の業界構造を変えつつあるが，デバイスの浸透は，それにとどまらずレジ周りのソリューション全般においても大きな変化を及ぼしている。スマホ決済の浸透は，これまでクレジットカード決済と無縁に思われた小型店舗や移動型店舗でのカード決済利用を可能にしている。またタブレットレジの浸透は，これまで大型店舗でしか利用できなかったPOSソリューションを中小店舗にまで利用可能にしているし，タブレットを基調にしたスタイリッシュな

レジ周辺の景色は，個性や雰囲気を重視する専門店などから一般の店舗まで活用がますます広がることを予感させる。決済機能の簡素化は，消費者が現金を持たなかったから買うことができなかったという状態をなくすことができることで，より高い価格の商品を販売するアップセルの機会が増加するであろう。また POS レジによる小売店舗のマネジメントが向上することで，店舗運営のレベル向上から売上増加などにつながり，店舗レベルの草の根から経済活性化につながる可能性も秘めている。

2　ATM ビジネス

▶▶ コンビニ ATM の誕生：バブル崩壊，メガバンクの破綻

　コンビニ ATM とは，コンビニエンスストアなどに設置されている現金自動預払機（ATM）のことである。コンビニ ATM が本格的に開始したのは1999年3月，さくら銀行（現三井住友銀行）が am/pm（2010年3月にファミリーマートへ吸収合併）にアットバンク ATM を設置したのが最初だった。続いて同年10月には，複数の金融機関が提携して全国初の共同のコンビニ ATM，イーネットを東京・神奈川・静岡に設置した。

　コンビニ ATM の誕生には当時の金融業界の動向が大きく影響している。**図表4-6**に示す通り，1990年代のバブル経済崩壊をきっかけに，メガバンクの破綻・廃業が相次いだ結果，大手銀行は各行とも公的資金による資本注入を受けて経営立て直しを進めており，リストラが急務で，多くの銀行が店舗数を減らす計画だった。顧客にとってはその分不便になる訳で，銀行の経営上，代替策を考える必要があった。また，メガバンクの破綻により，銀行業務に関する政府の規制緩和が推進されたこともコンビニ ATM 誕生の大きな推進力となった。

　銀行業界はもともと駅前に店舗展開しており，住宅街には店舗が少ない。コンビニは住宅街に多くの店舗を持つ上に，コンビニ ATM は新たに空調設備や

図表 4-6　コンビニ ATM 誕生の背景

年代	金融業界の動き	年	月	コンビニATMの誕生
1990年代	バブル経済崩壊, 景気低迷, 不良債権問題, 「失われた10年」(1991-2002) メガバンクの連続破綻 (1994-2000)	1999	3	＠ＢΛNK（アットバンク）サービス開始
			10	E.net（イーネット）サービス開始
2000年代	メガバンクの相次ぐ統合 (2000-2006) 規制緩和により新形態の銀行の誕生 (2000-2010)	2001	5	アイワイバンク銀行（2005-セブン銀行）サービス開始
			10	ローソンATMネットワークサービス開始

出所：筆者作成

自動ドアを設置しなくて済み，増設に必要なスペースも小さい。そのため，通常の銀行の店舗外 ATM に比べて，導入費用が4分の1から5分の1程度，運営費用は3分の1程度であり，店舗外 ATM を1台なくせばコンビニ ATM を3～4台増やせる，という効率の良さが特徴だった。このような特徴から，当初は am/pm だけだったが，コンビニ ATM 利用者が増えると，セブン－イレブンのようなコンビニが主体となった ATM も登場して，その普及を後押しした。

当時，生活様式が多様化して夜遅くまで起きている人が増えるにつれ，深夜も昼間と同じサービスを受けたいという需要が高まっていた。しかし ATM の24時間稼動を実現している銀行は少なく，大手銀行でも都心駅前の10～20店舗で実施しているに過ぎなかった。そんな中で24時間営業の代表格コンビニにATM を設置できることは，銀行にも大きなメリットがあったと考えられる。

▶▶ 運営形態によるコンビニ ATM の分類

主要なコンビニ ATM を運営する会社としては，三井住友銀行，イーネット，セブン銀行，ローソン ATM ネットワークスの4社がある。これらは事業形態によって3種類に分けることができ，それぞれに ATM の運営主体が異なっている。

(1) 銀行主体型

　ATM設置先のコンビニエンスストアと提携している特定の銀行がATMを運営している形態である。ATMの設置管理は運営主体となっている銀行が行っている。ATMの設置費用や運営コストについても，当該銀行が負担している。

　この形態を取るコンビニATMはアットバンクである。アットバンクは，三井住友銀行・西日本シティ銀行がコンビニエンスストアのam/pmと提携し，am/pmの店舗内に設置したATMである。am/pmは2010年3月にファミリーマートに吸収合併されたため，現在はam/pmから店舗転換したファミリーマートにアットバンクATMが設置されている。

(2) ATM運営会社型

　ATM設置先のコンビニエンスストア，提携する都市銀行・地方銀行などの金融機関，システム開発・運営会社，ATMの遠隔監視・警備・資金護送を行う会社など，ATM運営関係会社が出資してコンビニATMを運営している形態である。この形態を取っている会社が運営するコンビニATMに関する現金などの管理は，コンビニATM運営会社と提携する都市銀行や地方銀行が行っている。これらの銀行を幹事銀行と呼び，管理支店が設定されている。通常の銀行の本支店が管理支店となっている場合と，専用の支店を用意している銀行がある。

　この形態のコンビニATMは，イーネットとローソンATMである。イーネットには主にファミリーマート等10社程度のコンビニ群が出資しており，イーネットが運営するATMは出資する各コンビニ店舗に設置されている。また，ローソンATMには主にローソンが出資しており，ローソンATMが運営するATMはローソン各店舗に設置されている。

(3) コンビニ主体銀行型

　主としてATMを設置するコンビニエンスストアの親会社が出資して作った銀行がコンビニATMを運営している形態である。実質，コンビニ自身がATMを運営していることになる。

この事業形態を取っているのはセブン銀行である。セブン銀行が運営するATMは主に，全国のセブン-イレブン店舗に設置されている。セブン銀行ATMは，セブン銀行本店を幹事行として，提携銀行の管理支店との共同設置という形を取っている。

▶▶ 銀行ATMサービスのレイヤー構造化

従来の銀行は，店舗，ATMを銀行事業と一体化して提供していた。これに対して，設置される場所がコンビニへと広がることにより，ATMサービスはレイヤー構造化したと言うことができる。**図表4-7**は，銀行のATMサービスがレイヤー構造化する前とコンビニATMが登場してレイヤー構造化した後のATM事業のレイヤー構造の変化を表している。

この図に示したように，コンビニATMが本格的に登場してATM事業がレイヤー構造化する前は，ATMサービスは銀行でのみ運営されていた。銀行では店舗とATMが分離・独立することはなく，すべて銀行ビジネスと一体で

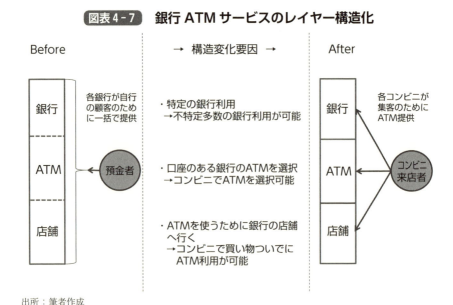

図表4-7　銀行ATMサービスのレイヤー構造化

出所：筆者作成

運営されていた。銀行のATMサービスは，自行に口座を持つ顧客の利便性向上という目的の下，自行の顧客に対しては基本的に無償で提供されていた。また，他行とのネットワークを通じて他行の顧客に対する現金自動預払機として，手数料を得るという形で運営されていた。

▶▶ レイヤー構造化による新しいビジネスの誕生と利用者の変化

　am/pm，ファミリーマート，セブン-イレブン，ローソンといったコンビニがATM事業に本格的に参入した結果，銀行のATMサービスはレイヤー構造化した。以前は他の銀行ビジネスと一体化した一つのサービスだったものが，レイヤー構造化することでコンビニATMという，独立した一つのビジネスになった。

　コンビニATMの登場は，単にATMの設置場所を変えただけではない。設置場所が変わることによって利用者が変わった。銀行のATMを利用するのは，基本的にその銀行に口座を持つ預金者である。それに対して，コンビニのATMを利用するのはコンビニへ来店する買い物客である。

　この利用者の違いは，ATM利用時の銀行間の手数料の違いに現れている。銀行ATMは各銀行が自行の顧客へのサービスとして設置しているので，自行の口座から自行のATMを通じて入出金しようとした場合手数料は無料であるが，自行以外の銀行口座から自行のATMを通じて入出金しようとした場合は手数料が発生する。

　これに対してコンビニATMは各コンビニが自分のコンビニへの集客を目的として設置しているので，基本的には銀行によって手数料に差をつける必要はない。コンビニATMでは利用者は不特定多数の銀行を同等の条件（手数料などの差がない）で利用可能となる。つまり，コンビニATM利用者はどのATMからでも銀行を自由に選べるのである。

　銀行ATMでは手数料に差が出ることから，利用者は自分の口座がある銀行

のATMを選択せざるを得なかった。一方コンビニATMはコンビニごとにATMが異なるものの，ATMを手数料の違いの制約なく選択することができるようになった。

　また，利用者はコンビニATM誕生前，ATMを利用するために駅前など銀行の店舗がある場所へわざわざ出向かなければならなかった。しかしコンビニATM誕生後は，銀行の店舗まで行かなくても家の近所にあるコンビニで買い物ついでにATMを利用することができるようになった。

　産業のレイヤー構造化が顕在化するのは，それまで全レイヤーを通じて一体だったプレイヤーに変化が生じる時である。レイヤー構造化してレイヤーごとに事業を運営するプレイヤーが異なると，利用者（消費者）はレイヤーごとにサービスを選択することができるようになるのである。ATMの例で言えば，銀行が銀行業務と一体化して運営していたATMがレイヤー構造化することによりコンビニATMが誕生したことで，銀行レイヤーは銀行が，ATMレイヤーはATM運営会社が，店舗はコンビニがそれぞれ運営するようになり，利用者は銀行とATM，店舗のそれぞれを選択できるようになった。

▶▶ コンビニATMの成功事例：セブン銀行のビジネスモデル

　コンビニATMビジネスにおいて成功した企業の代表は，セブン銀行である。セブン銀行は，前述した通りセブン-イレブンが出資して作った銀行がコンビニATMを運営している「コンビニ主体銀行型」の事業形態を取るコンビニATM運営会社である。セブン銀行はコンビニATMが事業の主力の銀行であるという点で，旧来の銀行と異なっている。また，コンビニが銀行業務を行っているという点で他のコンビニATMと比べてもユニークな存在である。セブン-イレブンは，レイヤー構造上の銀行，ATM，店舗のすべてのビジネスレイヤーに参入した唯一のコンビニである。

　セブン銀行は銀行業を行う事業者であるため，ATMの手数料を自由に設定することができる。実際にセブン銀行は開業前，預金引き出し手数料を0円に

することを計画していた。この計画は従来から業界横断的な手数料設定を持つ銀行の反発に遭い，結局実現には至らなかった。しかし，セブン＆アイグループ全体としては来店客が手数料 0 円の ATM に満足してセブン－イレブンに足を運んでくれ，「ついで買い」をしてくれればよいので，セブン銀行 ATM の手数料を 0 円に設定することは潜在的に十分可能であったと考えられる。

　セブン銀行の ATM 事業における現在のビジネスモデルは，**図表 4 - 8** に示す通りである。A 銀行の顧客がセブン銀行の ATM 経由で A 銀行の口座を利用した場合，セブン銀行は A 銀行から ATM 受入手数料を徴収する。また，顧客から ATM 利用手数料を徴収するかどうかは A 銀行が決定できる，というのがセブン銀行 ATM の特徴となっている。

　コンビニエンスストアとして集客力の高いセブン－イレブンという場所で，自行に口座を持つ顧客に利便性を提供したいと考える銀行は顧客からの ATM 利用手数料を無料にする。結果的にセブン銀行の ATM を使うと他のコンビニ ATM に比べて手数料無料の銀行が多い，ということになり，利用者が増え，セブン－イレブンの集客力にもつながる，という好循環が生まれた。

図表 4 - 8　セブン銀行 ATM 受入手数料の仕組み

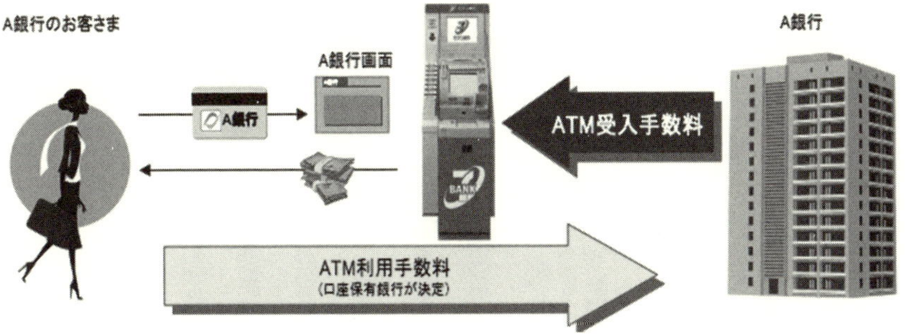

出所：セブン銀行決算資料

▶▶ 順調に推移するセブン銀行の業績

このようなビジネスモデルの結果として，セブン銀行の業績は**図表4-9**に示すようになっている。設立（開業）3年目以降，13期黒字を継続しており，2014年度は4期連続増収増益となっている。セブン銀行が通常の銀行と異なる点は，収益のうち95％以上がATM受入手数料となっていることである。このため，セブン銀行はATM専業銀行とも言われている。

ATM事業での成功は，セブン&アイグループにも大きなインパクトを与えた。セブン銀行（開業当時はアイワイバンク銀行）開業3年目の2003年当時，1アイテムで1日70人（当時の集客実績）の客を集める商品は，販売量で他社

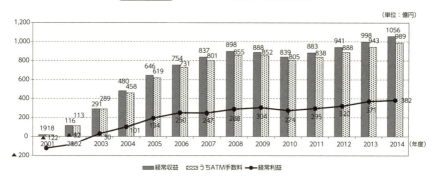

図表4-9　セブン銀行の業績推移

出所：セブン銀行決算資料より筆者作成

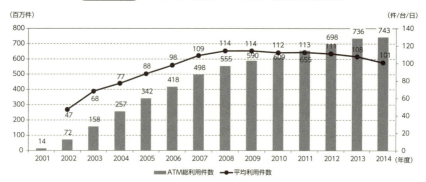

図表4-10　セブン銀行のATM利用件数推移

出所：セブン銀行決算資料より筆者作成

を圧倒するセブン-イレブンといえども他にはなかった，と言われている。現在，ATMの利用者はそれをさらに大きく上回っている。

図表4-10はセブン銀行のATMの利用件数推移を示しており，最近では100件／台／日を超えている。セブン銀行開業当初，事業の採算ラインは平均利用件数で60～70件／台／日と見込まれていた。当時，銀行関係者の間では1日あたりの利用件数は約60件と言われていたため，セブン銀行は開業3年目にしてすでに銀行ATMの利用件数を超えていたと考えられる。

▶▶ ATMの管理・運用に特化するローソン

コンビニとして売上高シェア2位のローソンは，コンビニATMビジネスにおいてセブン-イレブンとは異なる戦略を取っている。ローソンは，前述した通り金融機関などと共同でローソンの各店舗に設置されたコンビニATMの管理・運営を行う会社であるローソンATMネットワークスを設立し，「ATM運営会社型」の事業形態を取っている。レイヤー構造図（**図表4-7**）におけるATMおよび店舗の2つのビジネスレイヤーに参入したコンビニである。

ローソンATMネットワークスのビジネスモデルは，セブン銀行のビジネスモデルとは異なっている。ATMで利用者から徴収するATM利用手数料は，直接ローソンATMネットワークスの収入とはならない。ATMの利用手数料は，銀行業務を行っている銀行の収入となる。

ローソンATMネットワークスは銀行から委託を受けて，ATMの管理・運用の業務を行っている。つまり，銀行からのATM管理・運用委託料がATM運営会社であるローソンATMネットワークスの主な収益源となっている。銀行はATM利用手数料の中からATM管理・運営委託料を支払うため，当然，銀行がATM利用者から受け取るATM利用手数料よりもローソンATMネットワークスが銀行から受け取るATM管理・運営委託料は小さくなる，ということになる。

ローソンATMネットワークスの業績は開業5年目以降黒字転換しているものの，銀行ビジネスそのものを行っていてATM受入手数料を直接収入とするセブン銀行と比べると，2010年度時点で収益では4分の1程度，営業利益にいたっては10分の1程度という小規模なものとなっており，セブン銀行に収益，利益ともに遠く及ばない。

▶▶ コンビニATMを産業化したセブン銀行

　ここまで見てきたように，セブン銀行はATM専業銀行として従来の銀行および他のコンビニATMのどちらとも異なるユニークなビジネスモデルを確立し，今もなお特筆すべき業績を上げ続けている。セブン銀行は，ATMを単なるコンビニの1サービスに留まらず，コンビニATM産業という新たな産業にまで押し上げた，といっても過言ではない。

　コンビニATMで築き上げた資産やノウハウを活かし，現在はセブン銀行のATMはセブン-イレブン各店舗だけでなく，商業施設や駅など街の多くの場所に設置されている。もはやコンビニATMの域をも超える勢いとなっている。
　セブン-イレブンとローソンのコンビニATMビジネスの例からわかるように，企業のレイヤー構造化への対応の違いは，結果として事業規模の違いにつながる。ATMに限らずネット化，デジタル化が進展する中で，レイヤー構造化への対応は企業にとって重要な意味を持ってきているといえる。

3　自動車業界

▶▶ 業界の特徴と概要

　現在，自動車産業は大きな転換点を迎えている。レイヤー構造化の前提となるモジュール化，ソフトウェア化，ネットワーク化の流れが進展しているから

である。

　従来，自動車産業は，大規模な自動車メーカーが主導する成熟したビジネス構造であったため，新規参入は非常に限定的であった。ところが，情報技術（IT）の進化に伴い，そのビジネス構造に変化が訪れようとしている。その変化は，スマートフォンやクラウドコンピューティングの普及，ビッグデータの活用の進展と，自動車の代表的な次世代技術である，「自動運転」や「テレマティクス」との融合により発生すると考えられる。

　自動車産業への新規参入に向けたキーワードは，「スマートカー」や「コネクティッドカー」と呼ばれる次世代自動車の開発の動きである。スマートカーとは，各種のセンサーによって周囲の状況を検知し，車両の制御技術を極限まで高め，ドライバーを補助してくれる「賢い自動車」の総称である。

　また，コネクティッドカーとは，テレマティクスを活用し外部と常時接続することができる自動車のことである。テレマティクスとは，ネットワークとつながることで車内に最新の交通情報やニュース・音楽などの情報を提供するサービスのことであり，近年になって飛躍的に発展してきた。このような，ITの進化が自動車産業へ押し寄せることにより，アップルやグーグルなどの大手IT企業だけでなく，IT系ベンチャー企業までもが新規参入を狙える環境を迎えているのである。

▶▶ 車両のモジュール化の進展：電気自動車のシンプルな構造

　まず，ハード面においては，消費者の環境意識の高まりやガソリン価格の高騰により，ハイブリッド車に代表されるエコカーの販売が拡大している。そのエコカーの中でも特に注目を浴びているのが，電気自動車（EV）である。その理由は，ガソリンを使わないため維持費が安く，また排出ガスも発生させないため，エネルギー消費量の削減やCO_2排出量の削減に大きく貢献するからである。

　電気自動車とは，従来のガソリン車のようなエンジン駆動ではなく，電気

モーターを動力源として走行する自動車のことである。ガソリン車のように高温を発生させる内燃機関を搭載しないため，鉄を使わず軽量のプラスチックだけでも製造できるメリットがあり，構造が非常にシンプルで部品点数が少ないことが特徴である。つまり，生産工程が少なくて済むばかりか，既存の自動車メーカーの技術優位が失われる可能性がある。そのため，今後は産業構造の変化が進み参入障壁が低くなることで，米テスラモーターズをはじめとしたシリコンバレーのベンチャー企業や，家電メーカーの新規参入などが進んでいくことが予想されるのである。

▶▶ 注目を浴びる米テスラモーターズ

　新興の電気自動車メーカーとして，いま最も注目を浴びているのが，2003年に米国で設立されたテスラモーターズ（以下テスラ）である。テスラは，シリコンバレーを拠点にバッテリー式EVとEV関連商品を開発・製造・販売している。

　テスラのEVの代表モデルである「モデルS」のモーターを構成する部品点数は，約100個といわれている（**図表4-11**）。シリンダー・ピストン・カムシャフトなど1万～3万点の部品からなるガソリンエンジンに比べ，とてつもなく単純な構造である。EVの生産工程はガソリン車に比べ格段にシンプルで，パソコンのようなデジタル製品に近い。

図表4-11　テスラモーターズのモデルS

出所：テスラモーターズホームページ。部品点数図は筆者作成

そのため，プレス・溶接・塗装をはじめエンジンの搭載や各種部品の取り付けまでの複雑な生産ラインの工程は，大きく削減されるだろう。なぜなら，電池とモーターにボディを組み合わせれば，簡単に生産できてしまうからである。さらに，日本メーカーに代表される，高い生産オペレーションの競争優位が失われる可能性が高い。また，パソコン製造の世界では一般的なEMS（電子機器の受託生産サービス）化が実現されれば，自動車産業の参入障壁が一気に下がる可能性が出てくる。

▶▶ テスラ「モデルS」：車内環境IT化の進展

モデルSの車内環境は，既存の自動車メーカーの車種では考えられないほどIT化が進んでいる。大きな特徴は，インターネットに接続可能な17インチの大型液晶タッチスクリーンが中央に配置されている点である。そのスクリーンをタッチすればエアコンやオーディオ・ナビゲーション・シート調節・サンルーフやドアロックの開閉などの運転中に必要な各種の操作を行うことができる。インストルメントパネルに様々な操作ボタンが配置されておらず，シンプル化されているのも運転しやすさを求めるドライバーには魅力となっている（図表4-12）。

また，車の制御を統合するソフトウェアは3G回線で常時サーバに接続され自動的に更新される。タブレット端末を車載器として活用するような形で車内のIT化が進められており，既存の自動車メーカーにとっては大きな脅威となっている。

図表4-12　モデルSの車内

出所：テスラモーターズホームページ

▶▶ ネットワーク化の進展：テレマティクス技術の進化

　そして，次世代自動車をめぐり，今，世界の自動車業界で注目されているのは「テレマティクス」である。これは，テレコミュニケーション（情報通信）とインフォマティクス（情報工学）の融合を意味する造語である。自動車分野では，カーナビなどの車載器とスマートフォンなどの通信端末を連携させてリアルタイムに様々な情報やサービスを提供するシステム全般を指す。

　テレマティクスにより，例えば交通情報や天気・ニュースなどの情報を車載器でリアルタイムに得られたり，音楽や動画などの車内エンターテイメントが楽しめたりするようになる。また，将来的には高度道路交通システムの一端を担うものとしても期待されている。

　現在のところ，各自動車会社が独自サービスを行っている場合が多く，代表的なものに国内ではトヨタ自動車（以下トヨタ）の「T-Connect」，本田技研工業（以下ホンダ）の「インターナビ」などが挙げられる。特にインターナビはGPSにより，各車の位置情報をクラウドで収集して解析するプローブ情報に力を入れているのが特徴であり，東日本大震災の際に通行可能な道路情報を一般に提供し話題となった。このような位置情報をキーとしたプローブ情報の分野と車両制御技術の分野がさらに進化していくと，自動運転の実現につながっていくと考えられるのである。

▶▶ ソフトウェア化の進展：自動運転技術の進化

　テレマティクスの進化による利便性の向上に加え，自動運転を頂点とする高度な制御技術は，交通事故や環境問題など自動車にかかわる様々な問題を解決，または軽減する可能性がある。実は，自動運転技術はすでに市販車への搭載が進んでおり，いまや緊急時の衝突軽減ブレーキは高級車だけでなく軽自動車にまで普及しており，各社は技術開発に余念がない。車間距離自動制御（ACC）や車線逸脱防止支援（LKAS）も高級車では標準装備となっている。それぞれの機能を高精度化・複合化すれば，一定の条件下での自動運転は難しくないと

考えられる。

自動運転技術における開発の特徴は，トヨタや日産自動車（以下日産）など大手自動車会社に加え，グーグルなども開発に乗り出していることだ。完全自律型の自動運転の商品化の目標年次については，グーグル，日産ともに2020年をターゲットにすると発表されている。

▶▶ レイヤー構造化の状況：ユーザは各レイヤーを選択できる時代に

従来，ユーザが自動車を選択しようとする場合は，基本的にハードとしての車両と付属している車載器，そして車両を制御するECU（エンジンコントロールユニット）などのソフトウェアがワンパック化された状態で購入するかたちが一般的であった。そのため，ユーザはハードとソフトを個別に選択することができなかった。

しかしながら，近年の車両のモジュール化やテレマティクスの進化による

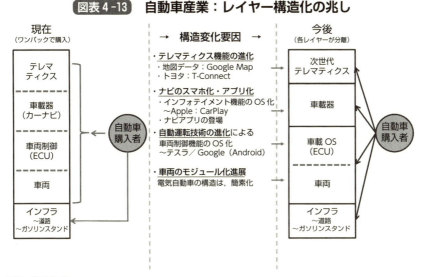

図表4-13 自動車産業：レイヤー構造化の兆し

出所：筆者作成

ネットワーク化，制御技術や自動運転技術の進化によるソフトウェア化の流れはハードに一体化された車両単位から，テレマティクス・車載器・制御機能である車載 OS などの各レイヤー単位のビジネスに分離する可能性を秘めている。その結果，ユーザはそれぞれのレイヤーの組み合わせについて自由に選択可能になる。その変化は**図表 4-13**のような形になることが予想される。

特に自動車産業のレイヤー構造化の鍵を握るのは，次世代テレマティクスと車載 OS 領域に対する IT 企業の参入である。

まず，テレマティクスについては現在既存の自動車メーカーが，自社の顧客の囲い込みを目的に通信サービスを提供しているが，今後はその領域にアップルやグーグルの参入が考えられる。現在，車載器としてのカーナビの領域には，アルパインやパイオニアなど既存ナビメーカーによるスマートフォン対応ナビが市販化されており，スマートフォン（以下スマホ）をナビとして活用することができる車載器が選択肢の一つとなっている。

アップルが2014年3月に発表した「CarPlay」システムに対応する自動車では，iPhone が，地図アプリに基づくカーナビや音楽，電話やメールなどの機能をすべて肩代わりすることが可能となる。特に地図データやニュース・音楽配信サービスの分野では，ユーザがスマホのアプリを通じて情報を取得することが浸透しはじめており，車載器が低価格で利便性が高いスマホやタブレット端末に代替されていく流れが加速するであろう。

▶▶ グーグルがオープン・オートモーティブ・アライアンスを設立

グーグルは，2014年にスマートフォン用の OS である「Android」を，車載 OS として車両に組み込む戦略を進め始めている。2014年1月には，自動車の情報システムの開発でホンダや米ゼネラル・モーターズ（GM）等5社と提携すると発表した。グーグルの Android を搭載したスマートフォンを車内で安全に使えるようにするほか，車載システムに使える OS も開発する。自動車

メーカー側はスマホの使い勝手を取り込み，開発コストも削減できると考えている。そして，同じ月には，グーグルが中心となり，ホンダのほかアウディや現代自動車，米半導体メーカーのエヌビディアも加わって「オープン・オートモーティブ・アライアンス（OAA）」を設立した。また，2014年6月にはCarPlayと同様のシステムである「Android Auto」を発表した。2016年1月時点では38ブランドが加盟している。今後は，さらにAndroidを使った自動車向けのサービスや製品の開発を進める。グーグルは，Androidを搭載した製品の利用を広げることで，自動車産業のソフトウェア領域の覇権奪取を狙っていると考えられる。

▶▶ ホンダはクルマ用アプリ開発スタジオを開設

　そのような中，車載器の領域において，自動車メーカーとグーグルとの連携強化の動きも始まっている。

　ホンダは，2014年12月，シリコンバレーにおける情報技術の研究開発拠点であるHonda Silicon Valley Lab内に，コネクティッドカー技術の研究開発機能強化のため，「Honda Developer Studio」を開設した。

　これは，一般のアプリ開発者が，クルマでの使用に最適化したアプリ開発を行うことを支援するために開設された。まずは，グーグルが発表した，「Android Auto」のソフトウェア開発キット（SDK）を使ったアプリ開発を積極的に支援する予定である。アプリ開発者がホンダの技術者と協働し，実際のクルマの画面での見え方，アプリの操作性，オーディオの聞こえ方やボイスコマンドの正確性などを誰でも検証できるよう，オープンな実験スタジオを設けユーザに役立つアプリ開発を支援していく。このような，車載器レイヤー強化に向けた，自動車メーカーの新たな動きは注目に値する。

▶▶ アップルCarPlayとトヨタT-Connectにみる新たな動き

　自動車産業におけるソフトウェア化やネットワーク化の流れにおいて，注目

図表4-14　CarPlay

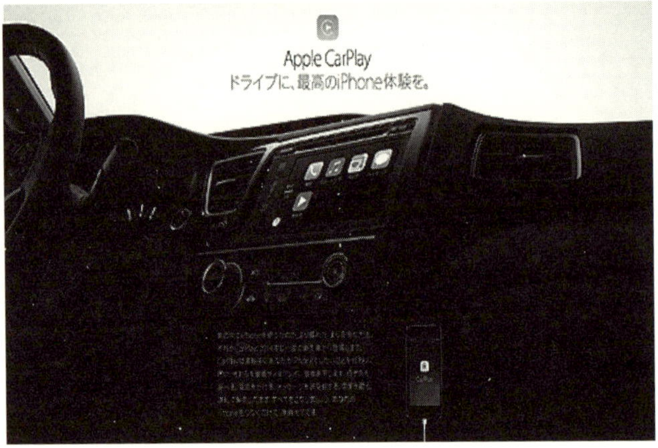

出所：アップル　ホームページ

されるサービスを紹介する。それは，大手IT企業アップルの「CarPlay」と，世界最大の自動車メーカーであるトヨタの「T-Connect」である。

▶▶ アップル：新車載システム「CarPlay（カープレイ）」

　アップルは，2014年3月に開催されたジュネーブモーターショーで，「CarPlay」を発表した（図表4-14）。これは，自動車の車内で音声による指示を使って音楽を楽しんだり行き先を確認したりできるサービスである。

　携帯端末向け基本ソフト（iOS）を自動車向けにも応用し，iPhoneが車内で安全に使えるようになる。その特徴であるSiriの音声コントロール機能は，運転中の使用シーンを考えて特別に設計されている。そのため，車の操作ボタンやタッチスクリーンといったコントロール機能とも連係がなされており，車内で使うことになるナビゲーションや音楽・メッセージなどのアプリは，視線と両手をほとんど動かさないで操作できるようになる。つまり，車の運転中に安全かつ簡単にiPhoneを操作することが実現されている。グーグルも同様のサービスを開発しており，スマートフォンの領域以外でも両社の競合が拡大する見通しだ。

iPhoneが世界的に普及している状況を考えると，採用する自動車メーカーは拡大することが考えられる。国内では，CarPlay搭載の純正カーナビが，2015年にホンダから発売されている。

▶▶ トヨタ自動車：新テレマティクスサービス「T-Connect」

　トヨタ自動車は2014年6月，同社がテレマティクスサービスとして2002年より提供してきた『G-BOOK』を一新した新サービス『T-Connect（ティーコネクト）』を発表した（**図表4-15**）。

　G-BOOKから大きな進化を遂げたT-Connectの通信サービスは，新開発の音声対話型「エージェント」，カーナビにアプリとして追加できる「Apps（アップス）」，従来のG-BOOKで実現していた安心安全サービスや情報サービスをまとめた「オンラインケア」などから構成される。特に注目される新サービスは「Apps」である。

　「Apps」は，カーナビと連動するアプリをT-Connectナビにダウンロードして利用可能になるサービスである。独自に用意されたアプリストアには，「ドライブアシスト（運転支援）」，「インフォテイメント（情報＆娯楽）」，「コミュニケーション（交流）」，「ライフサポート（暮らし）」の4分野に分けて

図表4-15　T-Connect

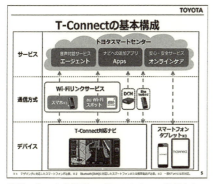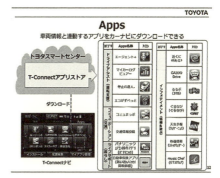

出所：トヨタ自動車　プレスリリース資料より

様々なアプリが提供される。また，このアプリの開発にあたっては，サードパーティ向けのオープンな開発環境「TOVA（Toyota Open Vehicle Architecture）」を用意している。アプリ開発希望者にはソフトウェア開発キット（SDK: Software Development Kit）が提供され，トヨタの承認後，T-Connect アプリストアからユーザへ提供される仕組みとなる。

この Apps のプラットフォーム戦略が成功するかどうかも，非常に注目される。ただし，これらのサービスはトヨタの T-Connect 対応ナビでしか利用できない。T-Connect 対応ナビの市販価格は通信モジュール搭載のタイプで約22万円からと高額であるため，消費者が T-Connect のサービスを目的として対応ナビを選択するかどうかが注目される点である。

▶▶ レイヤー構造化後の自動車産業

以上述べてきたように，自動車産業は大きな転換点を迎えている。ハードとしての車両から各レイヤーの分離が避けられない状況の中で，各レイヤー単位でビジネス構造が大きく変化し，激しい競争が発生することが予測される。そのような中，新規参入を狙う IT 企業，迎え撃つ既存の自動車メーカーはどのような対応を図るべきであろうか。

グーグルやアップルに代表される IT 企業は，まず車両からのレイヤー分離が早期に見込まれるテレマティクスや車載器などのソフトウェアの領域での攻勢を強めていくであろう。消費者にとって最も望ましいのは，いつも使っているグーグルやアップルのスマホが，車載器としてそのまま自分の車の中でも活用できることである。そうすれば，利便性も高まり自動車メーカー各社が提供する高額のカーナビを購入する必要がなくなるため，メリットも大きい。そのような消費者の志向の変化を追い風に，IT 企業は最終的には自動車の走行を制御する車載 OS の覇権奪取を狙うはずである。

一方で迎え撃つ既存の自動車メーカーは，レイヤー分離の阻止が最重要課題となる。その最大の武器は，現在囲い込んでいる顧客およびそのデータだ。そ

のためには自社のハード（車両）をIT企業に開放しないいわゆるクローズド戦略を推し進め，顧客の囲い込み強化が重要となるであろう。あるいは，トヨタのT-Connectのように自社でテレマティクスのプラットフォームを構築し，サードパーティのアプリ開発企業などを増やしてエコシステムを整備することも必要だ。さらに，この構造変化を機にシェア逆転を狙う下位メーカーは，車載OSの領域においてオープン化によりハードを開放し，IT企業との提携戦略を推し進めることも考えられる。

今後果たして，ビジネスの主導権が自動車メーカーからIT企業へ移るのか？　あるいは，レイヤー構造の変化を利用して既存の自動車メーカー間で大幅なシェアの逆転が起こるのか？　そして，各企業のビジネスモデルに大きな構造変化が起きるのか？　今後の自動車産業の動向は目が離せない。

4　電力ビジネス

▶▶ 電力業界の概要と特徴：日本の電気業界における地域独占と総括原価方式の歴史

　戦前の日本の電気事業には，東京電灯や東邦電灯などの大手電灯会社をはじめ，民営・公営合わせて数百社の事業者があり，民営主導で自由競争によって発展していた。その後，日本における電気事業は地域独占形態へと変化していったが，その原型は，1942年の配電統制令により民営電気事業者，公営電気事業者と主要な電気利用組合を統合した9つの配電会社にある。

　これらの配電会社は9つの地域ブロックに分けられており，大規模発電所と幹線送電網は国策会社である日本発送電が各配電会社からの出資によって所有していた。敗戦後，1951年の電力再編成時に日本発送電は廃止され，民営による発送配電一貫の北海道，東北，東京，中部，北陸，関西，中国，四国，九州

の計9電力会社に再編された。1972年には沖縄返還によって沖縄電力が発足したため、現在は10電力会社体制になっている。

　高度経済成長期に伴う電力需要の増加により、都市部と地方とでは需要量の面で差があったが、電力会社は全国各地へ電力を均一的に安定供給する体制を整備する必要があった。また同時に、日本の限られた土地や資金などの経営資源を効率的に活用するよう考慮する必要もあった。
　このような背景のもとで参入規制が設けられた日本の電力産業は、垂直一貫体制による地域独占が認められ、総括原価方式により利益を保証されている。総括原価方式とは、
　「総原価＝適正費用＋公正報酬－控除収益」
を算定し、総原価と料金収入が一致するように料金単価を定める方式である。

　総原価の算定にあたっては「将来の合理的な期間」を原価算定期間とし、原価算定期間における供給計画や経営効率化計画などを考慮した事業の合理的な将来予測を前提としている。この総括原価方式のメリットについては、料金算定の根拠が分かりやすく、事業者が過大な利益・損失を生じることなく公正な報酬を確保でき、消費者が過大な料金負担を負うことがないという点が挙げられている。また、安全性やサービス向上のための長期的な設備投資へのインセンティブが働くこともメリットだといえる。一方デメリットについては、経営効率化のインセンティブが働きにくいこと、原価に関する情報が事業者に偏在していることによる情報の非対称性、電気料金を事業資産の価値に基づいて算定するレートベース方式の場合は過剰な設備投資が行われる可能性が挙げられる。

▶▶ 電力システム改革の状況：制度改革による電力業界の競争自由化の始まり

　このような環境下においては、市場競争原理が働きにくい。そこで、政府は、一般電気事業者と新規参入者との競争条件の平等化を図る観点から、1995年よ

図表4-16 電気事業制度改革の内容

実施年	制度改革内容
1995年	・卸電気事業の参入許可を原則として撤廃し，電源調達入札制度を創設して，発電部門において競争原理を導入 ・特定電気事業制度を創設し，特定の供給地点における電力小売事業を制度化 ・一般電気事業者の自主性を認める方向で料金規制を見直し，選択約款を導入
1999年	・小売部門において，特別高圧需要家を対象として部分自由化を導入 ・料金の引下げ等，電気の使用者の利益を阻害する恐れがないと見込まれる場合においては，これまでの規制を緩和し，認可制から届出制に移行
2003年	・小売部門において，高圧需要家まで部分自由化範囲を拡大 ・一般電気事業者の送配電部門に係るルール策定・監視等を行う中立機関を創設 ・一般電気事業者の送配電部門における情報遮断，差別的取扱いの禁止等を電気事業法により担保 ・全国大の卸電力取引市場を整備
2008年	・卸電力取引所の取引活性化に向けた改革，及び送電網利用に係る新電力の競争条件の改善 ・安定供給の確保及び環境適合に向けた取組の推進（グリーン電力卸取引の導入等） ※小売部門の自由化範囲は拡大せず

出所：経済産業省資源エネルギー庁（2013a）

り四度の電気事業制度改革を行い，発電部門においては競争原理を導入するとともに，小売部門においては特別高圧に該当する契約電力が2,000kW以上の大規模工場，デパート，オフィスビルから「自由化」の範囲を順次拡大している。その結果，現在では契約電力が50kW以上の小規模工場，スーパーまで「自由化」の範囲は広がっている（**図表4-16**）。

また，一般電気事業者と特定規模電気事業者（新電力）との競争条件均一化を図る観点から，電力会社の送配電部門の会計分離の導入を行い，送電部門の公平性を確保している。これらの改革によって，大口需要については小売事業の自由化が実現するとともに，再生可能エネルギー事業者の新規参入など，発電事業者の多様化がある程度進展してきている。

▶▶ 東日本大震災によって電力会社が与えた利用者への影響

　東日本大震災の影響によって計画停電および大規模な節電が実施されたが，それによって多くの利用者はピーク時の電力使用量の抑制が大きな経済価値を持つことに改めて気づくこととなった。震災対応における東京電力経営者の様々な対応から，地域独占と企業努力を必要としない総括原価方式による収益の保証によって形成されてきた経営体質に対する批判が高まり，居住エリアの電力会社から決められた価格で電力を購入することを当然とせず「電力を選択したい」という利用者が増加した。

▶▶ 電力業界における全面自由化に向けた新たな制度改革

　すでに実施されている小売部門の自由化，特定規模電気事業者（新電力）の市場参入，電力会社の送配電部門の会計分離の導入に加え，以下のような3つの目的を持った電力システムに関する改革方針が，2013年4月に閣議決定されている（経済産業省資源エネルギー庁（2013a））。

(1)　電力の安定供給の確保

　東日本大震災以降，原子力発電への依存度が大きく低下し，大半の発電が既存火力に依存する中，小規模発電装置のような分散型電源をはじめ多様な電源の活用が不可避となる。特に出力変動をともなう再生可能エネルギーの導入を進めても，安定供給を確保できる仕組みを実現する。

(2)　電気料金の最大限の抑制

　原子力発電の比率低下，燃料コストの増加などによる電気料金の上昇圧力の中にあっても，競争の促進や安い電源から順に使うことの徹底，需要家の選択による需要抑制を通じた発電投資の適正化によって，電気料金の最大限の抑制を実現する。

(3)　需要家の選択肢や事業者の事業機会を拡大

　電力会社，料金メニュー，電源などを選びたいという利用者の様々なニーズ

図表4-17　電力システム改革の3段階の実施スケジュール

段階	実施内容	実施時期
【第1段階】	広域系統運用機関の設立	2015年を目処
【第2段階】	電気の小売業への参入の全面自由化	2016年を目処
【第3段階】	法的分離による送配電部門の中立性の一層の確保，電気の小売料金の全面自由化	2018年から2020年までを目処

出所：経済産業省資源エネルギー庁（2013a）

に多様な選択肢で応えることができる制度への転換を図る。また，他業種・他地域からの参入，新技術を用いた発電や需要抑制策等の活用を通じてイノベーションを誘発し得る電力システムを実現する。

電力システム改革は，具体的には，以下のような改革を3つの柱とし，**図表4-17**に示したようにスケジュールを3段階に分けて実施していく計画である。
①電力需給のひっ迫や出力変動のある再生可能エネルギーの導入拡大に対応するための，広域系統運用の拡大。
②家庭部門を含めたすべての利用者が電力供給者を選択できるようにするため，さらに卸電力取引所における電力の取引量を増加させるための，小売および発電の全面自由化。
③発電事業者や小売電気事業者が公平に送配電網を利用できるよう，法的分離の方式による送配電部門の中立性の一層の確保。

▶▶ 電力業界のレイヤー構造変化

1995年に電気事業制度改革が行われる以前は，小売事業，送配電事業，発電事業を10電力会社が地域独占の形で一括して提供していた。市場競争原理を働かせるために電気事業制度改革が行われ，発電事業においては特定規模電気事業者（新電力）の参入が認められた。また小売事業においては契約電力が大きい一部電力購入者への自由化を行うことで，小売事業者，発電事業者を電力購入者が直接選択することが可能になった。送配電事業は電力会社から会計分離

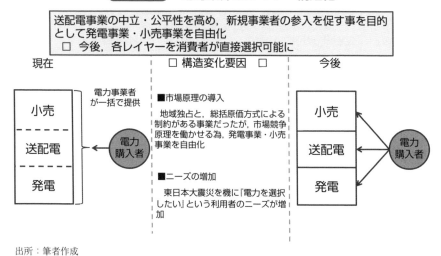

が行われることで，他事業の赤字・黒字を送配電部門の黒字・赤字で補充できなくして独立性の高い事業となる。なお，送配電事業に関しては，依然として送配電設備による送配電網に規模の経済が強く働くため地域独占のままで，送配電料金は従来通り規制対象となる。

今後2018年から2020年までを目処に，一般家庭向けの電力小売事業の自由化が実施される。これにより，すべての電力購入者が原子力，化石燃料，揚水式水力，再生可能エネルギーなど，様々な発電方式の中から支持する方式で発電している発電事業者について小売業者を介して選択するとともに，料金プランの違いや付帯されるサービスの違いによって小売業者も選択することが可能になる。このような変化は，電力ビジネスのレイヤー構造化であり，レイヤー分離であるととらえることができる（図表4-18）。

▶▶ レイヤー構造化によるメリット・デメリット

電力業界のレイヤー構造化による消費者観点のメリットとしては，まず電気

図表4-19　レイヤー構造化によるメリットとデメリット

レイヤー構造化によるメリット	レイヤー構造化によるデメリット
・消費者が，電気料金，発電方式の違いを考慮して発電事業者，小売事業者を選択可能。 ・事業者間の競争活性化によって，電力の使い方に合わせた料金プランが多様化し，生活スタイルに合わせた料金プランの提案といったサービスの充実が期待される。	・範囲の経済性が働いていた発電事業と送配電事業の協調的な設備投資，および運用による垂直統合型電気事業者としての投資費用の効率化の効果が損なわれる。 ・上記の結果，独立事業としての利益を追求するあまり，収益性の悪い地域への安定供給が疎かになるといった可能性が危惧される。

出所：筆者作成

料金・発電方式・付帯サービスの違いを考慮し，消費者が自ら発電事業者，小売事業者を選択可能になることが挙げられる。さらに，発電事業者，小売事業者の競争活性化により，電力の使い方に合わせて料金プランが多様化し，生活スタイルに合わせた料金プランを選べるようになることも期待される。

消費者観点のデメリットとしては，これまでは同一事業者が行っていたために範囲の経済性が働いて発電事業と送配電事業の協調的な設備投資と運用ができており，垂直統合型電気事業者としての投資費用の効率化も行われていたのに，それが損なわれてしまうおそれがある。その結果，事業者が個別に意思決定を行い，独立事業としての利益を追求するあまり，収益性の悪い地域への安定供給が疎かになるといった可能性が危惧される（**図表4-19**）。

電気料金に関し，先行して送配電事業の分離が進んでいる海外の状況を確認すると，必ずしも送配電事業の分離によって電気料金が低下するとはいえない。競争活性化による低価格化が期待される反面，垂直統合型事業者の投資の全体最適化が失われることによる投資効率の悪化が，送配電事業の分離を行っている海外各国で一様に電気料金の低価格化が実現していない原因の一因として推察される。

▶▶ 特徴ある事業者の動向：新電力の販売電力量の約半分を占めるエネットの参入戦略

エネットは，送配電分離によるレイヤー構造化によってビジネスを拡大している企業である。

エネットは，NTTファシリティーズ，東京ガス，大阪ガスの3社によって2000年7月に設立された電力会社で，特定規模電気事業者（新電力）と呼ばれる電気事業への新規参入者であり，レイヤー構造化によって独立性のあるビジネスとなった発電事業と小売事業を主な事業内容としている。全国に200ヶ所以上ある自社および他社の発電設備から電力を調達して，小売事業を行っている。その特徴は，以下のように4点にまとめられる。

(1) 全国規模での事業展開

沖縄電力エリアと島嶼部を除く全地域で事業を展開しており，新電力における販売電力量の41.1％という高いシェアを持っている（**図表4-20**）。

(2) 新電力No.1の電気供給力

LNGや太陽光，風力，バイオマス，水力など，市場取引も含めた全国200ヶ所以上の様々な方式で発電した電気を調達し，自社発電所の電気と組み合わせて，2万ヶ所を超える施設に供給しており，高い供給能力を持っている。

図表4-20 エネットの販売電力量シェア［2014年度］

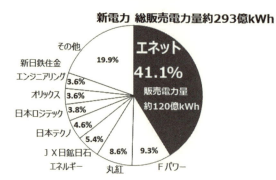

出所：経済産業省資源エネルギー庁（2015）

(3) 小売事業に付加価値サービスを追加

利用者の電気使用量・電気料金に関する情報を提供し，合理的かつ計画的な節電・コスト管理のサポートを行う「いんふぉエネット」というサービスを実施している。

(4) 送配電分離実現後に向けた一般家庭向けサービスの試行

NTTファシリティーズは，電力会社などから高圧電力を一括購入し，契約するマンションの各住戸に変圧・分配することで通常の家庭用料金より安く電力を提供する「マンション電力提供サービス」を展開している。これは，対象となるマンション入居者向けに，節電や省エネを支援する付加サービス「EnneVision®」をエネットと共同で提供するものである。

「EnneVision®」では，電力不足が見込まれるときにサービスに加入しているマンション入居者に対して節電協力依頼メールを配信し，協力依頼に応えることで電気料金割引に利用可能なポイントを付与する「節電ポイントサービス」を提供している。さらに，節電のための外出を促進するツールの一つとして「楽天チェック」を新たに追加した。

これは，マンション入居者が節電協力依頼とお出かけを促進するキャンペーン情報を受信した後に，実際に自宅の電気を消して外出して「楽天チェック」加盟店でチェックイン操作を行うと楽天スーパーポイントが付与されるトライアルサービスである。トライアルは2014年7月から9月まで実施されたもので，送配電分離実現後に一般家庭向けに提供するサービスの試行実験と位置づけられる。

このように，レイヤー分離後にエネットのような企業の新しいサービスが生まれることで，電力ビジネスに競争が生まれ，イノベーションも促進され，顧客価値も高まることが期待されている。

5 　ブライダルビジネス

▶▶ ブライダルビジネスの概要と特徴：日本の婚礼の歴史

　日本の結婚式業界は時代の流れに沿って"ブライダル産業"という一つの大きなマーケットに成長してきた。日本では，婚礼自体は武家社会の時代にすでに「嫁入り」という現代の結婚式の基礎となるものが確立しており，伝統のある儀式と位置づけられる。

　近年のブライダルビジネスの発足については，明治時代に写真の技術が日本に伝わったことで写真館が開業し，それらの写真館が婚礼記念に結婚した夫婦の写真を撮影したことに始まっている。また，「お見合い写真」という目的で写真を撮影する習慣も生まれ，1930年代以前はこの写真を利用したお見合い結婚が主流であった。

　当時結婚式を行う会場としては，料亭であった目黒雅叙園が昭和初期に結婚披露宴を執り行ったことが始まりとなり，その後は明治記念館，八芳園，白雲閣，日本閣といった料亭も後に続き結婚式を行うようになったが，これがブライダルビジネスとしての式場運営のはしりであると言われている。そして，これらの式場内にも写真館が併設され，美容業界との提携も始まり，式場主体のブライダルビジネスが形成された。

▶▶ 高度成長期から現代までの婚礼スタイル

　時代は高度成長期を迎え1970年代以降になると，教会や寺社で挙式を行い，その後，ホテルに移動して披露宴を行うといったことが流行し始めた。これをきっかけにホテル業界がブライダルビジネスに参入し始め，1990年代になると他の目的でのホテル利用が減少したことにより，ホテル業界は新規ビジネスとしてブライダルビジネスに本格参入を始めた。披露宴だけでなく式を挙げられ

るチャペルや神殿などを備えるホテルが増えはじめ，ホテルは結婚式場と同様に会場を提供するサプライヤーという位置づけを確立した。

そして1993年に結婚情報誌「ゼクシィ」が創刊されたことで，今までの結婚式の会場が主体である形式的な結婚式だけではなく，個人が自分の思い通りに選択が可能な結婚式を挙げられるという，新しい形の結婚式が実現可能となった。この変化にともなって，ウェディングプランナーという職業が台頭してきたが，ウェディングプランナーは結婚式のプランニングをし，新郎新婦へアドバイスを行う役割を担っている。

もともと専門結婚式場やホテルには，婚礼予定者のニーズをヒアリングし，それに応じたものを提案するといった役割を担う担当者は婚礼係として配置されていたが，式場主導の従来の結婚式のビジネスモデルが崩れたことにより，婚礼係はウェディングプランナーという結婚式のプロデュース専門の役割を担うようになった。また，同時にブライダルビジネス自体への参入障壁が低くなり，結婚式のプランニングを請け負う企業も多く誕生した。多くのウェディングプランナーもこのような企業に所属して活動をしている。

▶▶ 近年のブライダルビジネスの概況と予測

ブライダルビジネスは，ブライダル関連主要6分野から構成されている。それらは，挙式披露宴・披露パーティー，新婚家具，新婚旅行，ブライダルジュエリー，結納式・結納品，結婚情報サービスという6分野である。2015年，日本のブライダル市場全体の規模は約2兆5,500億円と予測されているが，この市場規模は過去2-3年ほぼ横ばい状態となっている（**図表4-21**）。また，**図表4-22**は，ブライダルビジネスにおける主な企業を整理したものである。

ブライダルビジネスの中で，挙式披露宴・披露パーティーの分野の規模は約1兆4,000億円ほどであり，挙式，披露宴，パーティーを執り行う会場としては，専門式場，ホテル，ゲストハウス，レストランという大きな4つのカテゴリーに分類される。これらの施設はすでに供給過多となっている状態であるが，婚

図表4-21　ブライダル関連市場規模の推移

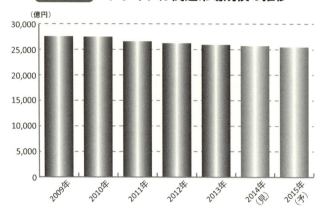

注1：事業者売上高ベース
注2：ブライダル関連市場規模は，挙式披露宴・披露パーティー，新婚家具，新婚旅行，ブライダルジュエリー，結納式・結納品，結婚情報サービスの主要6分野を対象とする。
注3：（見）は見込値，（予）は予測値
出所：株式会社矢野経済研究所（2015）

図表4-22　ブライダル企業ランキングトップ10　（2013-2014年データ）

	企業名	売上高（億円）	売上高シェア
1	テイクアンドギヴ・ニーズ	607	22.9%
2	ワタベウェディング	477	18.0%
3	ベストブライダル	474	17.9%
4	AOKIホールディングス（ブライダル事業）	261	9.8%
5	エスクリ	193	7.3%
6	クラウディア	146	5.5%
7	アイ・ケイ・ケイ	145	5.5%
8	ノバレーゼ	138	5.2%
9	千趣会（ブライダル事業）	107	4.0%
10	アイエーグループ（ブライダル事業）	104	3.9%

出所：業界動向SEARCH.COM　http://gyokai-search.com/3-bridal.html から筆者作成

姻組数の低減や「結婚式を挙げるには費用がかかる」「高い」といったイメージから，いわゆる「ナシ婚」（結婚式をしない結婚）の増加が加速をしたことがこの分野の低迷要因である。

　また，成長戦略としては新規に会場をオープンすることに留まっており，特に目立ったものは存在しない。既存の式場としては来場者数を増やす必要があるが，婚礼検討者は効率的な式場探しを行うため，インターネットや口コミサイトなどで情報収集を行い，見学予約などをインターネット経由で行っている。そして，施設の紹介サイトや口コミサイトで情報収集することが容易になった現代では，見学予約を気軽に行うのと同様に見学キャンセルもインターネット経由で行うことが可能である。インターネット経由で式場検索や情報収集ができるようになって利用者の利便性が向上した一方，既存式場としては成約につながる第一歩となる来場を効率的に促すことができていない。

▶▶ ブライダルビジネスのレイヤー構造変化：式場主導型からレイヤー分離型へ

　ブライダルビジネスは，**図表4-23**に示されているように会場レイヤーの上に，衣装，料理，花などのサービスレイヤーが乗っている構造をしている。かつては結婚式というと人生の一大イベントとして，家族，親戚，会社の同僚や先輩，友人と盛大に祝福するといった慣習のもと行われていた。婚礼予定者は結婚式を挙げる予定を組んだ後，通常は教会や寺社といった挙式の式場や挙式の形式を選び，その後，ホテルや専門結婚式場などで披露宴をするのが一般的だったが，ホテル業界が本格的にブライダル産業に参入し挙式を執り行うようになったことで，式場主導型のビジネスが確立した。

　各会場はそれぞれ衣装，食事，写真，花などを1つのパッケージとして組み合わせ，いくつか用意したプランに組み込んで販売という形をとっており，婚礼予定者は，基本的にはすでに会場が作り上げたいくつかのプランからしか結婚式，披露宴の内容を選択することができなかった。

図表4-23　ブライダルビジネスのレイヤー構造とその変化

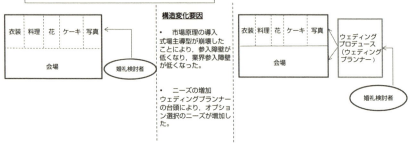

出所：筆者作成

　高齢化が進むにつれて、以前のように家族、親戚を集めて盛大に結婚式を執り行うという習慣が薄れてきた。また少子化により婚姻組数も減少傾向にあり、結婚式の実施率も年々低下傾向にある。

　そして、何より式場主導型としてパッケージ化して販売していた結婚式プランに対して「結婚式はお金がかかる」「高い」というイメージが浸透してしまったため、式場主導の「形式化された結婚式のイメージ」に、現代のカップルが魅力を感じなくなったという傾向が見受けられる。このような形式的な結婚式を嫌うカップルが増加していくという問題にいち早く気付いた企業が、今までにない新しい価値を提供しようとカップルそれぞれのオリジナル性のある結婚式を作りあげるようになった。

　このような状況下において、ウェディングプランナーと呼ばれる職業が台頭してきたが、婚礼予定者の購買代理としての役割を担うことにより、会場だけでなく衣装や食事、装飾、花など、婚礼予定者は婚礼内容を個々に選択、オプションとして購入することが可能となった。これは、会場レイヤーとサービスレイヤーが分離し、それをウェディングプランナーがコーディネートする形式であるといえる。

　このような変化を、利用者の購買プロセスの変化として表したのが**図表4-24**である。

図表4-24　婚礼検討者の購買プロセスの変化

購買プロセスの変遷：
レイヤー構造が変わったことにより式場主導の形式化された結婚式を購入するのではなく，ウェディングプランナーを利用した選択式，レイヤー分離型の結婚式の実現へ変化してきた。

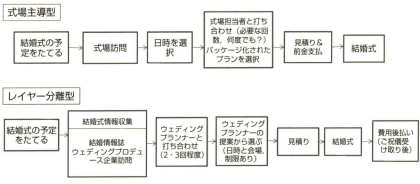

出所：筆者作成

▶▶ 構造変化に対応する企業戦略：二次会幹事代行から始まったスマ婚（スマート婚）

　通称"スマ婚"は，従来のブライダルビジネスが構造変化した新しい結婚式の形を提案している。結婚式のプロデュースを事業としているメイションが"スマ婚"を手掛けているが，従来の費用に比べ最大で半額近くまで抑えられ，自己資金1万円から結婚式をプロデュースするサービスである。

　メイションは，愛知県名古屋市にて2003年6月二次会幹事代行業者として設立，2005年7月に業務拡大しその後2007年7月東京進出をはじめ全国区となった。現在の事業内容は，創業時から手掛けている結婚式二次会に関わる事業だけでなく，結婚式自体のプロデュース，ハウスウェディングのコンサルティングなどを行っている。

▶▶ 格安結婚式"スマ婚"の特徴：常識を破る価格設定

　"スマ婚"の一番の特徴は，"ブライダル価格"と呼ばれる価格設定である。

図表4-25 式場主導型とレイヤー分離型の費用比較

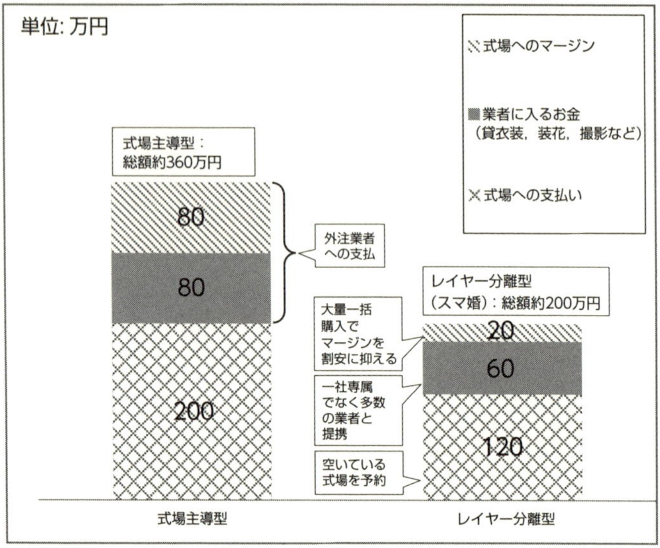

単位：万円

※式場へのマージン
■業者に入るお金（貸衣装，装花，撮影など）
※式場への支払い

式場主導型：総額約360万円
- 80
- 80
- 200

外注業者への支払
大量一括購入でマージンを割安に抑える
一社専属でなく多数の業者と提携
空いている式場を予約

レイヤー分離型（スマ婚）：総額約200万円
- 20
- 60
- 120

出所：Diamond Online Plus http://diamond.jp/articles/-/15994
（「スマ婚」の真相を解き明かす「質を落とさず価格を抑える結婚式」とは？）

　これは，お祝い事という昔からの慣習に倣ってご祝儀をあてこんだ利益が含まれた価格を提携している結婚式場，ホテルおよび婚礼事業関連業者と共に見直し，既存の「式場主導」の価格決定メカニズムを崩壊させた（**図表4-25**参照）。
　通常，結婚式場やホテルなどは必ず式場を自前で所有し，その式場には設備費，維持費などが発生する。また，流行に左右されることもあるため，改築費用などもかかってくる。しかし，メイションは式場を所有していないため，それらの費用は発生せず，提携をしている結婚式場，ホテルなどのスケジュールの空いている日を提案することにより，式場が意図する付加費用を請求する必要がない。

　従来の式場主導型のモデルだと結婚式場やホテルは，装花，司会，カメラマンといった専属のブライダル出入り業者と契約をしていて，結婚式場やホテルが業者に対して「保証金」を求めるということもあった。ブライダル専属業者側は，一社指定を受けることにより保証金を支払ってでも利益を得る仕組みと

なっていた。

　しかし，式場を持たないメイションでは，専属の業者契約はせずに複数の業者と提携し，それぞれのアイテムを大量一括購入することで低価格に抑えることに成功した。さらに提携している業者から選択するだけでなく，利用者の持ち込み料を無料にすることで婚礼予定者の選択肢を広くしている。

　そして，後払いを可能にしたのも従来の結婚式業界の常識を打ち破ったことである。従来の式場主導型のシステムだと，一括前払いというのが業界の常識であったが，スマ婚の場合は事前に16万8,000円を支払えば，残額は結婚式で得たご祝儀にて精算することを可能としている。

▶▶ 式場主導型でないメリットとデメリット

　"スマ婚"のようなレイヤー分離型のメリットは，式場をもたないことで式場の維持費，改造費といったコストを削減し，婚礼予定者の価格には反映されないことである。そして，式場を持っている提携先とは空いている日に結婚式を入れる契約を行い，式場の有効活用を提案することで，式場確保費用を割安に抑えることが可能となる。つまり，式場施設を持っている側にも収入がゼロにならないメリットがある。そして専属の出入り業者との一社契約ではなく，複数業者と取引することでマージンを従来よりも低い割合に設定している。これらの業者にとっては従来支払っていた補償金や協賛金といったものを削減可能としたため，割安なサービス提供が可能になった。

　一方，実際にスマ婚のサービスを選んだ婚礼者の声からデメリットを整理してみると，式場を持っておらずあくまでも提携先の空いている日を埋める契約のため，結婚式の日取りに関しての自由度には制限がある。そして，相談に応じてくれるウェディングプランナーは式場の所属ではないため，事前に式場を下見したり，当日の様子を婚礼予定者に紹介することができない。また，まれなケースだが，専属の業者との提携をしていないので，カメラマンや司会者が本職ではない業者の場合がある。

6　印刷業界

▶▶▶ 縮小を続ける国内の印刷業界

　どの町に行っても，しばらく歩いていれば必ずと言っていいほど印刷会社を目にすることができる。それほど印刷会社というのは数が多く，地域に根ざしている業種だといえる。2012年の経済産業省の統計によると事業所数としては2万8,247社で，これは製造業24業種中，「金属製品」「食料品」「生産用機械器具」「繊維工業」に次ぎ5番目に多く，全製造業の6.6％を占める（経済産業省（2012））。

　印刷産業約3万社という数は，コンビニエンスストア大手3社の合計店舗数とほぼ同数で，印刷および印刷関連産業の事業所がいかに多いかがわかる。そしてこの事業所数を従業者規模別にみると，10人未満の事業所が全体の77.7％を占めている。逆に100人以上の中規模以上の事業所は僅か1.5％であり，極端なピラミッド形状の分布を示している。10人未満の零細企業が事業所数としては圧倒的多数を占める一方で，市場全体のシェアの大半は大日本印刷と凸版印刷が占めている寡占市場である。国内の印刷業界は，大日本印刷・凸版印刷のビッグ2と数社の準大手，中堅クラス，そして圧倒的多数の小規模零細企業という構図となっている。

　そうした中で，近年印刷業界は出荷額および事業所数共に減少しており市場全体は縮小している。**図表4-26**の通り，全産業の出荷額が2009年に底を打った後多少盛り返しているのに対して，印刷関連産業は2009年からさらに下がり続けている。これは，リーマンショックによる不況というだけでは説明がつかない構造的な変化が背景にある。

図表 4 -26　印刷・関連業出荷額

出所：経済産業省「工業統計調査産業編」発表の数値より筆者編集

▶▶ 印刷産業のデジタル化によるバリューチェーンの変化

　1985年．それまで業務用の製品であったコンピュータが，Macintoshの登場によって個人で使用できるようになった。画像処理ソフトを使えば，それまで専門業者に任せるしかなかった画像や文字の合成レイアウトを簡単に作ることもできる。

　従来，印刷版のレイアウトを作成する工程において画像は画像で，文字は文字で作成し，それらを合成するという製版職人による職人技が必要であった。ところがMacintoshとソフトさえあれば，製版フィルムを作成するまでのプリプレス工程は印刷業界以外でも対応できるようになってしまった。売上の大きな部分を占めていた付加価値がDTP[(1)]データの入稿によってなくなってしまったのである。このDTP化によって，レイアウトデータから製版フィルムをダイレクトに作成することができるようになった。

　さらに1995年のCTP[(2)]の登場によって一度フィルムに出力をしなくても，デジタルデータからいきなり製版をすることが可能となった。今度はCTP化によって，専門業種であった製版業が必要なくなってしまった。印刷産業はデジタル化にともなって，DTP化とCTP化が進み，バリューチェーンが大きく変化した（**図表 4 -27**参照）。そのために印刷会社がこれまで付加価値として利益

図表4-27　印刷工程バリューチェーンの変化

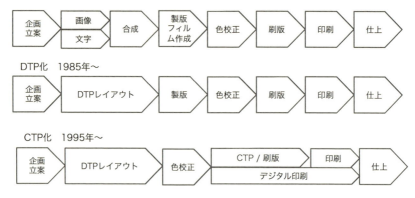

出所：筆者作成

を獲得してきた工程が消滅し，これが印刷産業出荷額減少の1つの理由といえる。

▶▶ 印刷産業のデジタル化によるレイヤー構造の変化

　印刷産業はデジタル化にともなってバリューチェーンが変化しただけではなく，各工程のレイヤー構造も変化した（**図表4-28参照**）。従来，顧客は印刷物を発注する際に企画の内容を企画会社に依頼し，どういった印刷物を作成するかが決まれば，あとはすべて印刷業者に一括で作成を依頼する以外に選択肢はなかった。

　しかし，これが前述の通りバリューチェーンのデジタル化にともない，企画だけではなく，デザイン，DTPデータ作成，印刷工程，仕上げ工程の中から必要な部分だけを切り分けて発注することが可能になった。各工程での作業はすべてデジタルファイルとして保存することが可能であり，なおかつ所定のファイル形式であれば，そのファイルは次工程の作業者（取引先）に受け渡しができる。クライアントサイドのスタッフの中にもMacintoshを使い，Adobe社のIllustratorでデザインレイアウトを作成するスキルを持ち合わせた担当者も増えている。その場合，IllustratorのAIファイルやPDFファイルなど所

図表 4-28　印刷工程レイヤー化

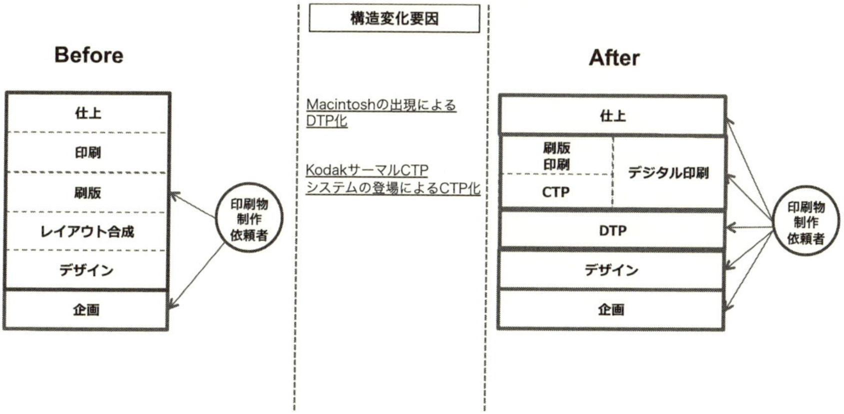

構造変化要因

Macintoshの出現による
DTP化

KodakサーマルCTP
システムの登場によるCTP化

Before
- 仕上
- 印刷
- 刷版
- レイアウト合成
- デザイン
- 企画

← 印刷物制作依頼者

After
- 仕上
- 刷版印刷／CTP ｜ デジタル印刷
- DTP
- デザイン
- 企画

← 印刷物制作依頼者

出所：筆者作成

定の形式で入稿すれば，印刷工程以降の部分だけを発注することによってコストを安価に抑えられる。

またさらにはクライアントが自社内に高速デジタルプリンタを導入するケースもある。そうした場合は逆に，企画とDTPデータ化の部分を外注し，AIファイルにさえ保存してもらえば，あとは自前の設備で印刷，というように欲しいところだけを外注することが可能となっている。

このような変化を，印刷産業のレイヤー分離と捉えることができる。

▶▶ レイヤー戦略としての印刷通販の登場と台頭

デジタル化によって印刷業界のレイヤー分離が進むと，それを利用して，新しいビジネス形態として「印刷通販ビジネス」が誕生した。インターネットを使った受注は十数年前から始められていたが，プリントパックとグラフィックという京都発の2社を嚆矢として，本格的な印刷通販市場が形成されてきている。バブル経済の崩壊とその後の長期の経済低迷から，既存の顧客・市場では印刷物の単価の回復や発注件数の増加は見込めなくなっていた。

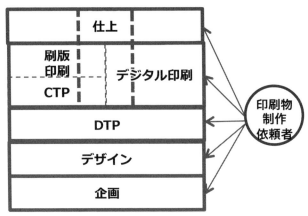

図表4-29　印刷通販ビジネスの領域

出所：筆者作成

　そうした不況を背景に従来の地域密着から脱却し，地域性が不要であるインターネットを使った全国規模の受注に目を付けたのが印刷通販である。これは，インターネットというインフラと印刷工程のデジタル化が揃ったことによって実現可能となった。**図表4-29**は，印刷ビジネスのレイヤー構造の中における印刷通販ビジネスの位置づけを示している。

　印刷通販が大きく伸びた理由としては，第一に何といってもその価格の安さにある。従来，印刷産業はあるエリア（または特定のクライアントや業界）に密着して，その中で担当営業が日々クライアント企業に日参して，用件を伺うという営業スタイルで仕事を獲得してきた。しかし，印刷通販の場合は，インターネットを介して完全データ[3]を受け取るので，営業マンを必要としない。営業が必要ないということは，人件費だけではなく営業部隊に関わる固定費が丸々必要なくなるので，その分を価格に還元することができる。

　また「付け合わせ（ギャング）印刷」[4]を行うことによって，さらに価格を下げることにも成功した。大きな用紙の中に異なるサイズの刷版レイアウトが都合よく埋まれば，用紙のロスを出さずに無駄なく製作することができる。それを可能にするために，納期指定のない発注や長い納期を受け入れてくれる発

注に対して，より安価な価格を設定する「早割」といった創意工夫が行われている。

印刷通販は価格が安いというメリットがある一方で，これまで一般的とされてきた営業マンを通じた受注対応と比べると対応が限定的となる。取り持ってくれる担当営業はいないので，無理は利かないのである。そうしたメリットとデメリットを**図表4-30**の通りまとめることができる。一言でいえば安くて品質も良いというのがメリットであり，イレギュラーなリクエストには対応してもらえないというのがデメリットということになる。

また，印刷通販はインターネットを通じて運営されており，価格がサイト上でオープンになっているケースが多いのも大きな特徴の一つである。そのため，営業マンを配置している従来型の印刷会社にも大きな影響を与えている。従来型の印刷会社では請負価格はオープンではなく，都度見積りを行い，営業マンの交渉力によっては高利益で受注できることもある。ところが，印刷通販の登場によって，印刷通販サイトで公表されている料金表を比較として持ち出されてしまうため，その安い価格レベルに合わさざるを得ないケースもあるという。これによって，印刷業界全体の受注金額の水準が下落傾向にあることも否めない。

図表4-30　印刷通販のメリットとデメリット

	メリット	デメリット
コスト	・価格が安い ・部数が少ない場合でも価格が安い ・短納期希望でなければ，更に価格が安くなる ・価格体系が予め公開されていて明朗である	
品質	・品質のガイドラインが公開されている	
対応	・営業マンに会う必要がない	・特色，特殊加工等のバリエーションがない ・色校正がしにくいので，色合わせが必要な注文には向かない ・営業マンによるサポートはない

出所：筆者作成

▶▶ 印刷通販の代表選手「プリントパック」発展の歴史と特徴

　ここで，印刷通販の代表例としてこの分野でナンバーワンと言われるプリントパックについて簡単に紹介したい。プリントパックは前身にあたる進洋株式会社として1970年にオフセット印刷の焼き付け分野で創業している。その後カラー写真製版業に業務を拡大した後，1995年にはDTP化はもとより業界の中ではいち早くホームページを開設し，総合画像処理からデジタルネット化に対応している。その後矢継ぎ早に1997年にデザインスタジオを開設，2000年にはCTP，デジタルプルーフの導入によって製版までのデジタルライン化を実現させると，翌2001年には5色デジタル印刷機・製本機・加工機を導入し，ついにはDTPから仕上げまでのフルデジタルラインを完成させる。

　そして，その翌年2002年に満を持したかのようにインターネットサイトを窓口とした印刷通販事業を開始し，株式会社プリントパックを設立する。当時の多くの印刷会社は営業マンを通じた受注が一般的であり，インターネット経由での発注はなじみがないユーザがほとんどであった。その不安を払拭するために，当時では業界唯一の100％満足保証制度を導入する。この制度は今でも継続されており，「万一，弊社での製造過程において不具合のある印刷商品をお届けしてしまった場合，100％返金保証（もしくは即やりかえて印刷の上お届け）いたします。」と謳われている。営業マンがいないデメリットをこうした保証制度で補っている。

　またこの保証制度と併せて同じく2005年には日本全国一律送料無料サービスを導入している。この2つのサービスはプリントパックビジネスの顧客獲得を大きく後押しした要因と捉えられる。

　2005年3月には7億円だった売上が翌2006年3月には15億円と倍以上の成長を実現している。2006年には東京支店を開設し，急速な成長を背景に東京に進出する。2008年には新木場に東京工場を開設し，製造設備もUV印刷機，8色デジタル印刷機をはじめ最新鋭の機器を補強している。そして，2009年のテレビCMで一気に世間の耳目を集める。2006年3月に15億円だった売上はCMを放映した後の直近の決算である2010年3月には76億円，そして2013年3月に

図表4-31　印刷・同関連産業出荷額とプリントパック売上推移

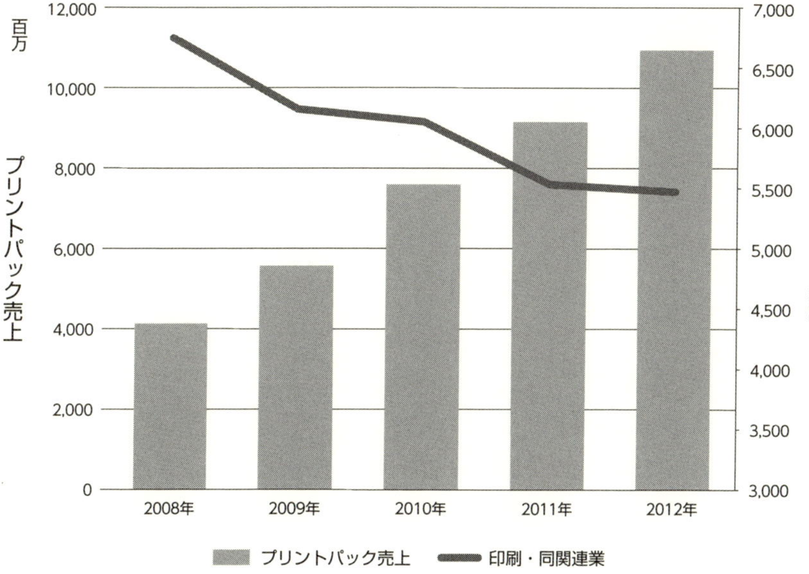

（グラフ：2008年～2012年のプリントパック売上（百万円）と印刷・同関連業出荷額（十億円）の推移）

凡例：プリントパック売上／印刷・同関連業

出所：工業統計調査および株式会社プリントパック Recruiting site より筆者作成

　はその倍である140億円を達成した。
　すでに述べた通り，印刷業界は2009年以降大きく市場規模が縮小し，印刷会社の数自体も大幅に減少している。そうした中でプリントパックは世の中の動きに逆行するかのような成長を見せている（**図表4-31**）。まさに印刷工程のデジタル化に伴うレイヤー戦略に大成功した事例だということができる。

注◆
(1) DTP: desk top publishing の略。Macintosh で駆動する Adobe 社の Illustrator 等のドロー系ソフトによるレイアウトデータを作成すること。
(2) CTP: computer to plate の略。コダック社のサーマル CTP システムを走りとしたデジタルデータからダイレクトで印刷版を作成すること。

(3) 完全データ：指定のファイル形式で保存された，そのまま本印刷に使用できる，手直しの必要のないデータ。
(4) 付け合わせ（ギャング）印刷：Ａ０／Ｂ０等のある大判サイズの中に，異なる顧客の様々な原稿をパズルのように隙間なくレイアウトすることでロスを削減し，コスト削減につなげる手法。

引用・参考文献◆

＜自動車業界＞
・井熊均（2013）『「自動運転」が拓く巨大市場（2020年に本格化するスマートモビリティビジネスの行方』日刊工業新聞社
・鶴原吉郎・仲森智博・逢坂哲彌（2014）『自動運転　ライフスタイルから電気自動車まで，すべてを変える破壊的イノベーション』日経BP社
・桃田健史（2014）『アップル，グーグルが自動車産業を乗っとる日』洋泉社
・ロバート・スコーブル，シェル・イスラエル（2014）『コンテキストの時代―ウェアラブルがもたらす次の10年』（滑川海彦・高橋信夫訳，日経BP社）

＜電力ビジネス＞
・一般財団法人電力中央研究所（2013）『電力事業の仕組みを読み解く』
・経済産業省資源エネルギー庁（2013a）「電力・ガス事業部電力市場整備課　電力小売市場の自由化について」
・経済産業省資源エネルギー庁（2016）「電力調査統計」
・経済産業省電力システム改革専門委員会（2013）『電力システム改革専門委員会報告書』
・消費者庁公共料金に関する研究会（2012）「第6回公共料金に関する研究会（平成24年9月3日）【資料1-2】「原価の範囲・水準の適正性」に関する論点」

＜ブライダルビジネス＞
・ウェブゲーテ「スマ婚 大ヒットの法則」（2012）
　http://goethe.nikkei.co.jp/love/120308/01.html
・株式会社矢野経済研究所（2015）「ブライダル市場に関する調査結果2015」

http://www.yano.co.jp/press/pdf/1380.pdf
・堂上昌幸（2002）『ウエディング・プランナーという仕事』オータパブリケイションズ
・マイナビ（2013）「ブライダル業界の規模や歴史，特色」（2013年10月10日）
　http://job.mynavi.jp/conts/2015/tok/p/350/

＜印刷業界＞

・経済産業省（2012）「工業統計調査平成24年確報　産業編」
　http://www.meti.go.jp/statistics/tyo/kougyo/result-2/h24/kakuho/sangyo/index.html
・山名一郎・印刷文化出版研究会（2012）『印刷業界ハンドブック』東洋経済新報社　pp.116-118

第 5 章
どのようなビジネス／サービスが求められているのか

1　利用意向調査の概要

　これまで説明してきたように，様々な業界においてレイヤー構造の変化が起きており，新しいビジネスが生まれつつある。それは，いままで1つのレイヤーとして統合されていた製品やサービスがレイヤー分離することによって，特定のレイヤーに特化した製品やサービスが一つの独立したビジネスとして成立するようになった場合が多い。

　しかし，そのような新しい製品やサービスが持続的なビジネスとして成り立つためには，当然ながら，多くの利用者が存在しなければならない。レイヤー分離は，ICTの進化や技術のモジュール化，規制緩和など主にサプライサイドの要因によって進んでいるが，それは本当に大きな需要を伴っているのだろうか。
　そのような疑問に答えるために，富士通総研では，アンケート形式で，レイヤー分離によって生まれる代表的な新しいサービスに対する消費者の利用意向を調査した。もちろん，アンケート調査で将来の需要を正確に把握できるわけではないが，この章では，アンケート調査の結果を分析することで，レイヤー構造化の最終的な受益者である消費者の利用意向について，少しでも理解するためのきっかけを提供したい。

図表 5-1　アンケート調査の概要

調査方法	調査会社のモニターに対するウェブ調査
調査対象	20歳以上の男女（特別な割当はなし）
調査実施時期	2014年10月
回答者数	3,500名（うち男性1,674名，女性1,826名）
調査実施会社	株式会社クロス・マーケティング

出所：㈱富士通総研

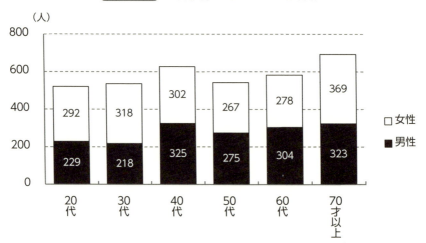

図表 5-2　年齢別・男女別の回答者数

出所：㈱富士通総研

　実施したアンケートの概要は**図表5-1**に示した通りである。また，**図表5-2**は年齢別に男性回答者と女性回答者の人数を集計した結果を表している。今回は特別な事前割当を行っていないが，結果としてどの年代をみても男女の大きな偏りは見られない。

　図表5-3は，アンケート調査で取り上げたビジネスと，その利用状況・利用意向に関する質問の内容である。

　もちろん，このような単純な質問で利用者のニーズを正確に把握することはできない。例えば，特定の製品やサービスが持つ複数の機能や要素に対する消

図表5-3　各種サービスの利用状況・利用意向に関する質問

シェアエコノミー（空き部屋共有）	海外では，Airbnbというサービスのように，ルームシェアのようなかたちで，個人の自宅などの空き部屋を他人に貸し出すサービスが人気を得ています。このようなサイトを利用すれば，旅行に行くときに，ホテルなどではなく，個人の家を借りることができますし，自分が不在にする際に他人に部屋を貸し出すこともできます。あなたは，このような空き部屋共有サービスを，利用者（部屋を使う側）として使ってみたいですか。
モバイル通信ビジネス（SIMカード）	スマートフォンでは，近い将来にSIMフリーといって，通信事業者を自由に選ぶようになる可能性があります。そのような状況では，アップルやサムスンなどのハードウェアメーカーから端末を購入し，別に購入したSIMカードと呼ばれる通信カードを挿入して使います。このような使い方をしてみたいと思いますか。
ゲームビジネス	スマートフォンゲームを始めてゲーム専用機の利用頻度は変化しましたか？
自動車ビジネス（車載端末）	今後，アップルやグーグル，ヤフーなどの自動車メーカー以外の会社が，カーナビなどのドライブ関連情報を提供するサービスを本格的に展開することが予想されています。そのようなサービスが出てきたら，あなたは自動車メーカー純正のサービスと，自動車メーカー以外のサービスと，どちらを主に使いたいでしょうか。
電力ビジネス（電力小売）	電力の小売が自由化されたら，いまの電力会社以外の電力会社から電気を買いたいと思いますか。

出所：㈱富士通総研

費者の選好度を分析するためにはコンジョイント分析のような手法が用いられる。しかし，今回はビジネスの構造そのものが変化する中で生まれてくるまったく新しい製品・サービスを分析対象としているため，そのような分析は必ずしも適切であるとは限らない。そこで，非常にシンプルではあるが，例えばAirbnbのような新しいビジネスがどのようなものであるかを簡単に説明した上で，その利用意向を直接質問することとした。

2 レイヤー分離に伴う新しいサービスの利用意向

▶▶ 各種サービス利用意向：年齢別

　レイヤー分離によって，最終顧客である消費者が自分で多くのサービスを選択できるようになると同時に，これまで存在しなかったような新しいビジネスやサービスが生まれる。マーケティングの分野では，新しいサービスを真っ先に利用する人たちを「アーリー・アダプター」と呼ぶ。レイヤー構造化によって生まれる新しいサービスのアーリー・アダプターはどのような人々なのだろうか。

　最初に考えられるのは，年齢別にみれば，若年層ほど新しいサービスの利用に積極的ではないか，ということである。そこで，アンケート調査では，各種の新しいサービスの利用意向に関する回答結果を年齢別に集計してみた。

　まず，**図表5-4**は，Airbnbのような部屋共有サービスの利用意向をまとめたものである。全体的にみれば，「ぜひ使ってみたい」という回答は3.1％，「どちらかと言えば使ってみたい」は10.2％で，少数派にとどまっている。「どちらかと言えば使ってみたくない」が16.6％で，「使ってみたくない」は49.7％と半分近くが利用に否定的であった。これを年齢別にみると，「ぜひ使ってみたい」または「どちらかと言えば使ってみたい」という回答は，20代で21.1％，30代で14.4％，40代で14.2％，50代で11.4％，60代で12.5％，70才以上で7.7％と，20代でもっとも高くなっている。旅行のときに他人の部屋を借りられるようなサービスは，やはり新しいことを受け入れやすい若者が最初の支持層となるのではないだろうか。

　一方，**図表5-5**はモバイル通信ビジネスに関して，SIMフリー端末の利用意向をまとめたものである。全体でみれば，SIMフリー端末を使いたいと思うかという質問について，「はい」という回答が24.9％，「いいえ」が20.4％，「わからない」が54.7％となっている。

第5章 どのようなビジネス／サービスが求められているのか 199

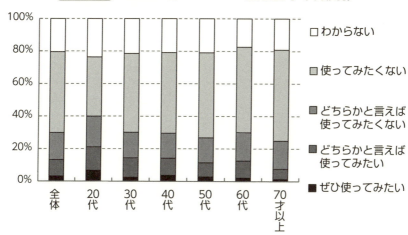

図表5-4 部屋共有サービスの利用意向（年齢別）

出所：㈱富士通総研

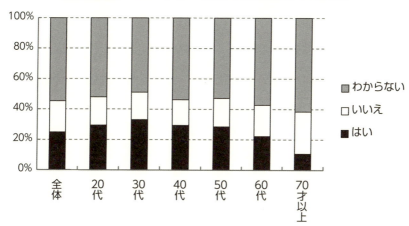

図表5-5 SIMフリー端末の利用意向（年齢別）

出所：㈱富士通総研

　これを年齢別にみれば，利用意向があることを示す「はい」の回答は，20代で29.4％，30代は33.0％，40代は29.3％，50代が28.4％，60代が22.2％，70才以上が10.7％となっており，Airbnbのようなサービスと違って20代が一番高いわけではない。これは，「わからない」という回答の比率と関係がある。

「わからない」がもっとも多いのは70才以上で61.6％，二番目が60代で57.2％と，予想できる通り高齢者ほどSIMフリーについて知識が少ないことがわかる。若年層では，20代が52.0％，30代は48.9％で，「わからない」の比率は30代より20代が明らかに高い。

このような傾向は，モバイル通信だけでなく，車載端末や電力小売に関しても共通している。つまり，必ずしも若年層ほど利用意向が高いわけではなく，その業界あるいは新しいサービスに関する知識の有無も利用意向に影響を与えているのではないだろうか。

今度は，逆に，新しいサービスに代替されない利用者の属性をみてみよう。**図表5-6**は，ゲーム専用機もスマホゲームも両方使っている人たちに対して，スマホゲームによってゲーム専用機の利用頻度が減ったか増えたかを質問した結果である。

全体をみると，527人中42.1％にあたる222人が「ゲーム専用機の利用頻度が下がった」と回答している。つまり，42.1％の利用者で，ゲーム専用機はレイヤー構造化によって新しく生まれたスマホゲームに少なくとも部分的に代替さ

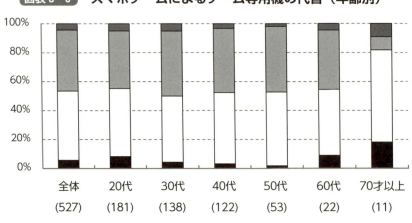

図表5-6　スマホゲームによるゲーム専用機の代替（年齢別）

出所：㈱富士通総研

れてしまったわけだ。ところが、サンプル数は少なくなるものの、同じ回答の比率は高齢者では60代で40.9％、70才以上で9.1％と、明らかに若年層より低くなっている。つまり、若年層で新しいサービスの利用者が多いことの裏返しではあるが、高齢者層においては新しいサービスによって代替されないユーザも少なくないことが推測される。

▶▶ 各種サービス利用意向：男女別など

　ここでは、新しいサービスの利用意向と年齢以外の属性との関係を分析してみたい。まず、**図表5-7**は、車載情報端末の利用意向を質問した結果を男女別に示したものである。レイヤー分離によって普及するとみられる自動車メーカー以外の第三者製の車載情報端末について、使いたいという回答は、全体では18.9％だが、男性では24.7％、女性では13.6％と明らかに男性の方が高い。「わからない」という回答が、女性の方が男性よりも多くなっていることからも、男性の方が女性よりも自動車に関する知識が多いからではないかと考えられる。

　業界やサービスに関する知識と利用意向については、電力小売に関する回答を分析してみると、はっきりと関係があることがわかる。**図表5-8**は、2016年に電力小売が自由化される予定であることを知っているかどうかと、自由化

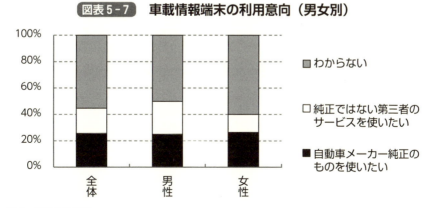

図表5-7　車載情報端末の利用意向（男女別）

出所：㈱富士通総研

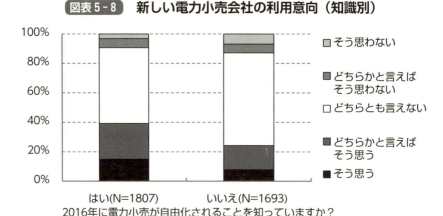

図表5-8　新しい電力小売会社の利用意向（知識別）

出所：㈱富士通総研

によって生まれる新しい小売会社の利用意向との関係をまとめたものである。

　自由化を知っている回答者の間では，新しい小売会社を利用してみたいという質問に対して「そう思う」が15.0％，「どちらかと言えばそう思う」が24.2％，合計39.2％を占めているが，自由化を知らない回答者では，「そう思う」7.9％，「どちらかと言えばそう思う」16.4％，合計24.3％で，明らかに知識を持っている回答者の方が利用意向が高い。新しいサービスを提供する企業としては，関心が高く知識を持っている消費者に対して積極的にプロモーション活動をするとともに，対象となる業界やサービスに関心が低く十分な知識を持っていない消費者に知識を与えるような取り組みも重要になる。

3　新しいサービスのメリットとデメリットに関する認識

　最後に，レイヤー分離によって生まれる新しいサービスに対して，消費者の利用意向を高めるためにはどういう条件が必要なのか，消費者の利用を阻む要因は何かということを分析してみよう。

　図表5-4に示したように，Airbnbのようなサービスの利用意向は，現時点では決して高いとはいえない。それは，図表5-9にあるように，一つの家で

第 5 章　どのようなビジネス／サービスが求められているのか　203

図表 5 - 9　「他人の家や部屋を借りて宿泊するのは抵抗がある」の回答

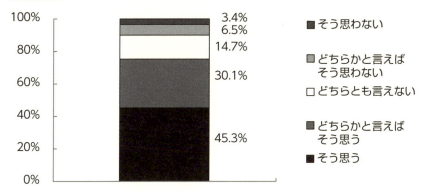

出所：㈱富士通総研

　複数の人が生活するルームシェアや他人を自宅に入れて子どもの世話をしてもらうベビーシッターなどが一般的でない日本では，他人の部屋を借りて宿泊することへの抵抗が大きいからだと考えられる。Airbnb のようなシェアエコノミータイプのサービスはプラットフォームビジネスであり，利用者だけでなく提供者（部屋を貸し出す側）も必要だが，今回のアンケート結果では，他人に部屋を貸し出すことについても抵抗がある回答者が多かった。

　しかし，もし相手が十分に信頼できる人であれば，その人の部屋に泊まってみようという人も少なくないのではないだろうか。**図表 5 -10**は，「家や部屋のオーナーが信頼できる人であれば，（Airbnbのようなサービスを利用して）宿泊してみたい」という記述に対する回答を年齢別に示したもので，20代では，「そう思う」が12.9％，「どちらかと言えばそう思う」が29.0％と，他の年代に比べて特に利用意向が高くなっている。Airbnb や Uber のような個人間の共有サービスは，SNS をうまく活用して提供者と利用者の間の信頼をつくるような工夫をしているが，わが国でも信頼性を高めることができれば若い人たちに受け入れられるようになるかもしれない。

　レイヤー構造化によって，一般的には消費者にとって以下のようなメリットがあると考えられる。
・製品やサービスの選択肢が増える。

図表5-10　部屋共有サービスの利用意向（オーナーが信頼できる場合）

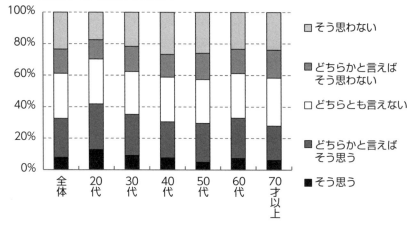

出所：㈱富士通総研

・1つの製品やサービスの中で，複数の機能の組み合わせ方が多くなる。
・競争が激しくなることで，価格が下がる可能性が高くなる。
・価格体系が多様化される。
・いままで利用できなかった新しいサービスを利用できるようになる。

　一方，デメリットとしては以下のようなものが想定される。
・選択肢が増えることで，選択のコストが増えてしまう。
・レイヤー分離によって事業者が複数になり，問い合わせが煩雑になる。
・レイヤー間の調整がうまくいかず，全体として不安定になってしまう。

　図表5-11と**図表5-12**は，モバイル通信ビジネスにおけるSIMフリー化と電力小売の自由化について，それぞれいくつかのメリットとデメリットを想定し，それぞれに対して回答者がどの程度同意するかを調べた結果である。
　メリットとしてもっとも多くの人に期待されているのは，やはり価格が下がる可能性である。また，選択肢の増加やサービスの多様化に対する期待も高い。

第5章　どのようなビジネス／サービスが求められているのか

図表5-11　SIMフリー化のメリットとデメリット

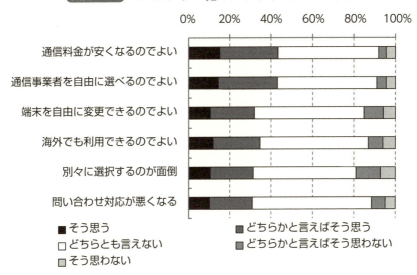

出所：㈱富士通総研

図表5-12　電力小売自由化のメリットとデメリット

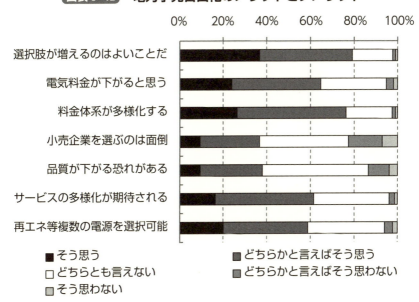

出所：㈱富士通総研

特に，電力小売については，価格低下，料金体系の多様化，選択肢増加，サービスの多様化，発電方法（電源）の選択について，いずれも半数以上の回答者が期待を寄せている。一方で，選択肢増加による選択の負担増，全体としての品質低下の恐れ，問い合わせ対応の不安といったデメリットについては，30％から40％の回答者が懸念を抱いているものの，メリットに対する期待よりはデメリットを心配している回答者は少ない。

レイヤー分離が消費者に与えるメリットの中でも，価格低下の可能性に対する期待が大きいのは，SIMフリーや電力小売だけでなく，車載端末でも同じであり，すべての業界に共通することではないかと考えられる。一方，車載端末は，「車を乗り換えても車載端末を使い続けられること」や「多様なサービスが利用できるようになる可能性」といったメリットも，価格低下に劣らないくらい高く期待されている。

もちろん，これらのメリットやデメリットをどの程度強く感じるかということは，消費者の属性によって異なっている。例えば，子育て世代の30代から40代は，コスト低下に対する期待が他の世代よりも高いと想定される。また，今回のアンケート結果からも，高齢者では全体の品質低下や問い合わせ対応の不安などのデメリットをより強く感じていることがわかっている。レイヤー分離によるビジネスチャンスを確実にとらえていくためには，消費者の利用意向を十分に把握した上で，他社と差別化できる競争戦略を実践していく必要がある。

引用・参考文献◆
- 富士通総研（2014）「新しいサービスの利用意向に関する調査」（非公開）

おわりに
―産業のレイヤー構造化(多層化)に対応する戦略のポイント―

最後に,本書全体について簡単にまとめておこう。

〈環境変化のポイント〉
○消費者による自由な選択と組み合わせが可能な「レイヤー構造化」が進む
○競争力と収益力確保のために「レイヤー戦略」の構築が必要
○レイヤー構造化は,自動車など伝統的産業にも拡大していく

〈レイヤー戦略のポイント〉
○自産業のレイヤー構造化の分析
○レイヤー別参入戦略の立案
○オープン化の検討

▶▶ 新たな消費者主権の時代

　モジュール化(共通部品の組み合わせ),ソフトウェア化,ネットワーク化が新たな消費者主権の時代をもたらし始めている。それは一種のシステムとしての製品の一部分を消費者あるいはその代理を担う企業が直接選択し,部品としての製品を独立に集めて組み合わせて利用することができるようになることによって生まれたトレンドである。

　産業を構成する各製品やサービスが独立してビジネスになり,階層(レイヤー)を構成する。例えば,スマートフォン(スマホ)ビジネスにはキャリア(通信事業者)がいて,ハードを提供する企業がいて,アプリを提供する企業がいる。消費者は,それぞれのビジネスを手がける会社の製品・サービスを選

び，自分で組み合わせて利用する。

　供給者からみた場合，レイヤー構造化（多層化）が進んだ産業では，どの階層に参入するのか，あるいは他の階層を担う企業に対し，自社製品をどれだけオープンにする（他社製品と一緒に使えるようにする）のかが，競争力や収益力を分ける。これらを，レイヤー構造化に対応する戦略という意味で「レイヤー戦略」と呼ぶ。

▶▶ バリューチェーン構造とレイヤー構造

　これまでは，産業の構造について，企業間や業界間をまたがる，素材から完成品に至る付加価値の連鎖（バリューチェーン）と捉えるのが伝統的な見方であった。ここでの参入戦略は，川上から川下に向け，どの範囲のビジネスを手がけるかの意思決定である。

　ファーストリテイリングの「ユニクロ」を例にとると，商品企画，素材購入，製造，配送，販売といったバリューチェーン全体を同社がコントロールしている。消費者は最後のプレイヤーが取引する相手であり，アパレルでは最終段階である店舗で商品を選ぶ。

　製造過程で他の素材に切り替えるといった具合に，途中段階で中間製品を選択することはできない。製品の多様性はチェーンの川下企業が決定するのであり，消費者ではない。多様性は供給者が用意した選択肢として提供される。

　これに対し，レイヤー構造化が進んだ産業では，最終消費者が各階層の製品を直接選択して，組み合わせることができる（複雑な製品の場合は，消費者の立場から選択を代行する「エージェント企業」が存在する場合もある。コンピュータ産業におけるシステムインテグレーターはまさにこの種のエージェントとして発展してきた。ネットビジネスにおける比較サイトも，この位置に存在するビジネスである）。

　図表1は，これらの構造の違いを図示したものである。

図表1　バリューチェーン構造とレイヤー構造

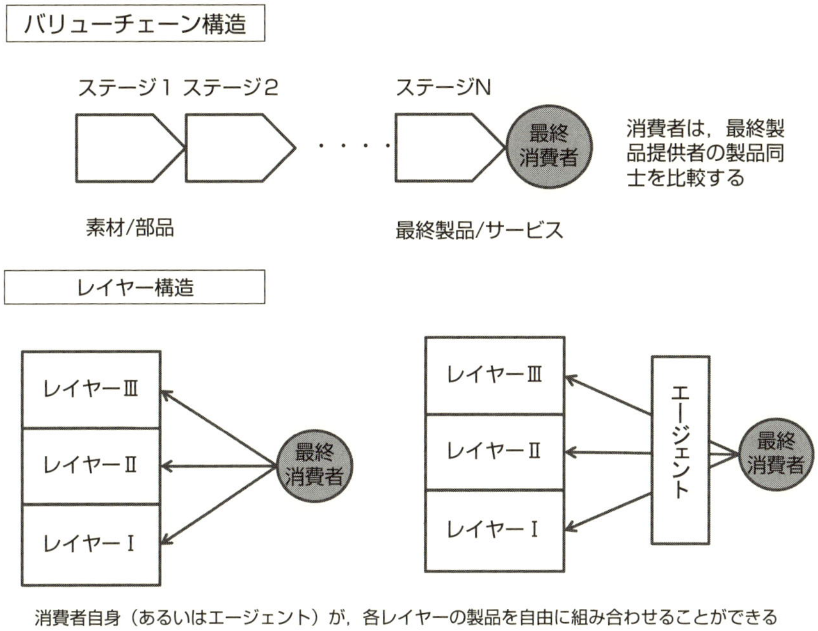

バリューチェーン構造

ステージ1　ステージ2　　　　ステージN

素材/部品　　　　　　　最終製品/サービス

最終消費者

消費者は、最終製品提供者の製品同士を比較する

レイヤー構造

レイヤーⅢ
レイヤーⅡ
レイヤーⅠ

最終消費者

レイヤーⅢ
レイヤーⅡ
レイヤーⅠ

エージェント

最終消費者

消費者自身（あるいはエージェント）が、各レイヤーの製品を自由に組み合わせることができる

出所：筆者作成

電子書籍産業におけるレイヤー構造

　例えば、電子書籍産業は通信ネットワーク、ハードOS（基本ソフト）、アプリ、コンテンツストア、電子コンテンツという階層構造からなる。最終消費者が米アップルのタブレット「iPad」で電子書籍を読む場合、使うアプリはアップルの「iBooks」でもいいし、米アマゾンの「Kindle」でも構わない。また、消費者は通信ネットワークも自由に選べる。

　現在の電子書籍端末は、技術的には2004年頃に松下電器産業（当時）やソニーなどが市場に投入したものの延長にある。ソニーは米国にも進出したが、結局、この産業を成長させ、米国で独占的な地位を築いたのはアマゾンのキンドルであった。

　両者の違いはどこにあったのか。アマゾンは通信レイヤーにも参入し、MVNO（仮想移動体通信事業者）としてKindle端末から無料で「Kindle Store」に接続

できるようにした。一方で他社端末に対しても Kindle Store をオープンにした。iPad や Android 端末にも対応アプリを供給したのである。ソニーとの違いは端末の性能ではなく，レイヤー戦略の違いにあったことが重要である。

▶▶ プラットフォームレイヤーをめぐる競争

　バリューチェーン構造では，統合化を進めるほど商品の多様性は小さくならざるをえない。川上と川下を統合すると，川上の多様性が小さくなる。例えば「商品企画を中核業務にして店舗を直営する。製品の全量買い取りを前提に委託工場を操業指導し，低コスト・高機能の特化型商品を展開する」というのが成功モデルの一例となる。

　これに対し，多層化構造では統合化を進めても必ずしも商品の多様性は失われない。例えば，最終消費者は端末（ハード）を選んだ上で，多様なアプリ（コンテンツ）を自由に選択することができる。
　多様な製品の自由な選択の基盤となるビジネスを「プラットフォーム（基盤）ビジネス」と呼ぶ。多層化した産業では，このレイヤーを担う企業が産業の主導権を握る。どこまでを他者（他社）に開放し，どこまでを自社限りにするかは，消費者にとっての潜在的な選択範囲を意味するエコシステム（生態系）をどう構築するかという問題となる。レイヤー構造化した産業におけるプラットフォームビジネス間の競争は，エコシステム間の競争でもある。
　レイヤー構造は，ネットやデジタル機器でまず進んだが，日本企業がいまだに強さを発揮する伝統的な産業でも進みつつある。

▶▶ レイヤー構造化が変える自動車産業の競争構造

　自動車産業は，ハードとしての自動車があり，車載システムや通信機器，データやサービスが階層となって構成されていると考えることができる。テレマティクス（無線通信による情報提供）の進展によって車両情報や走行情報，道路情報がネットワークでつながっていくと，各階層に特化した新たなビジネ

スが誕生してくる可能性がある。

　例えば通信機器としての役割を担い始めたカーナビには，すでにスマホが選択肢に加わっている。アップルが2014年春に発表した「CarPlay」システムに対応する自動車では，「iPhone」が地図アプリに基づくカーナビや音楽，電話やメールなどの機能をすべて肩代わりする。

　米グーグルはAndroid OSを車に組み込む戦略を進めている。ホンダや米ゼネラル・モーターズ（GM）などは，Androidをベースにした車載システムの共同開発に乗り出すと表明している。グーグルはAndroid OSを開放することで，自動車会社がAndroidを利用した自動車の制御システムを構築するだけではなく，車両情報と連携したサービスを展開することを視野に入れている可能性がある。

　例えば，ホンダやGMの車が走行すればするほど，多くの車両情報，運行情報をAndroid OS経由でサーバに吸い上げることが技術的に可能だ。グーグルはハンドルやアクセル，ブレーキを持たない自動運転車を発表して話題になっている。この狙いは自動運転車のハードの販売ではなく，自動運転のソフトウェアとデータサービスの提供にあるだろう。

　トヨタ自動車は，グーグルにデータやサービスのレイヤーの主導権を握られることへの警戒感もあり，グーグル陣営にも関心を示しつつも，独自の車載OSと自動運転技術を開発し，さらにデータ蓄積を自社で図っていく方向にこだわっているようだ。トヨタがこの問題にどう対応していくのかが注目される。

▶▶▶ レイヤー構造化への対応：3つのポイント

　レイヤー構造化が進むなかで，日本企業はどう対応すればいいのか。いくつかのポイントをまとめておこう。

(1) 自産業のレイヤー構造化の分析
　第1に必要なのは，レイヤー構造化は，避けられない流れであると理解する

ことである。モジュール化，ソフトウェア化，ネットワーク化は，必然的に産業に多層構造をもたらす。もちろん産業によって進み方に違いはあれど，伝統的なバリューチェーン構造は変わっていかざるをえない。

(2) レイヤー別参入戦略の立案

その上で第2に必要なのが，参入戦略の立案である。プラットフォームビジネスに参入し，大きなシェアを確保できれば，圧倒的に有利である。シェアで負けている場合，他のレイヤーで差別化することで，シェア格差の拡大を防がなければならない。

(3) オープン化の検討

第3に必要なのは，オープン化の検討である。これは消費者選択の多様化をもたらす。自社に収益をもたらすレイヤー以外は，思い切って自社製品と一緒に使う製品を提供する補完プレイヤーに任せることが必要である。この場合，補完プレイヤーがやる気になれる施策が必要となる。そのためには，規格や接続方法の情報公開が重要となる。場合によっては，自社が参入するレイヤーについて意図的に独占しない戦略も検討すべきである。

産業のレイヤー構造化は，狭い意味でのICT産業だけに起こるものではない。本書の第3章と第4章では，そのことを，事例を通じて理解できるように，産業別のレイヤー構造化の状況を一貫したフレームワークで整理した。上記の自動車産業でも見られるように，伝統的な産業もレイヤー構造化のトレンドから逃れることはできない。モジュール化（共通部品の組み合わせ），ソフトウェア化，ネットワーク化はあらゆる産業で進展する可能性があるからである。

本書が，読者自身が仕事をしている，あるいは利用している産業の将来について考えるための一助となれば幸いである。

(注) 本章は，日本経済新聞社「経済教室」（2014年9月19日付）に掲載された「産業の多層化 企業を選別」に加筆を行ったものである。

索　引

■欧文・数字

Airbnb ……………………… 129, 133, 198, 203
Air レジ ……………………………………… 145
Amazon EC2 …………………………… 72, 78
Amazon S3 ………………………………… 78
Amazon Web Services（AWS）………… 78
Android …………………………… 162, 163
API（Application Program Interface）
　……………………………………… 21, 34
ATM 運営会社型運用 ………………… 149, 155
Bento.jp ………………………………… 133
Bluekai …………………………………… 89
CarPlay ……………… 14, 162, 164, 165, 211
CTP ………………………………… 185, 190
DeNA ……………………………………… 106
DMP（Data Management Platform）
　……………………………………… 84, 85
DSP（Demand Side Platform）
　……………………………………… 81, 83, 84
DTP ……………………………… 185, 186, 187, 190
EV ………………………………………… 158
freee ……………………………………… 146
F パワー …………………………………… 174
Google App Engine ……………………… 80
Google Cloud Platform …………………… 80
GREE ……………………………………… 106
Hulu ……………………………………… 122
IaaS …………………………………… 24, 76
IBM クラウド・マーケットプレイス ……… 80

i-mode …………………………………… 93
IoT …………………………………………… i
JX 日鉱日石エネルギー ………………… 174
Kindle …………………………… 2, 58, 209
LD マトリックス ……………………… 30, 31
Microsoft Azure …………………………… 80
mixi ……………………………………… 95
MVNO（仮想移動体通信事業者）… 96, 209
NTT ファシリティーズ ……………… 174, 175
PaaS …………………………………… 24, 76
POS レジ ……………………………… 143, 145
P&G ……………………………………… 82
RTB（リアルタイム入札）…………… 83, 84
SaaS …………………………………… 24, 75
Salesforce.com …………………………… 77
SIM フリー ……………………………… 96
SSP …………………………………… 81, 83, 84
T-Connect ……………… 160, 164, 165, 166, 167
Uber ……………………… 127, 133, 134, 203
VOD（ビデオ・オン・デマンド）… 118, 119

■あ 行

アーリー・アダプター …………………… 198
アウディ ………………………………… 163
アクワイアラー ………………………… 138
アットバンク ………………………… 147, 149
アップル ……………………………………… 5,
　10, 19, 30, 41, 108, 111, 157, 162, 164, 166
　──の参入戦略 ………………………… 41
アプリケーション開発プラットフォーム

……………………………………21	グーグル……………14, 19, 27, 30, 88,
アマゾン………………2, 30, 58, 88	108, 111, 157, 161, 162, 163, 164, 166, 211
アルパイン………………………162	グーグルの参入戦略………………50
イーネット…………………148, 149	クラウド会計ソフト………………146
イオンスマホ………………………99	クラウドコンピューティング……24, 71, 157
イシュア…………………………137	クラウドサービス…………………11
印刷通販……………………187, 190	グラフィック……………………187
インターナビ……………………160	クローズド化…………………6, 9, 67
インターネット放送……………114	クローズド戦略…………………167
インテル…………………………12	ゲオ………………………………100
ウェディングプランナー……177, 180	現代自動車………………………163
運用型広告……………………81, 83	ゴードン・ムーア…………………75
エージェント企業………………208	コネクティッドカー……………157
エコシステム………8, 10, 12, 29, 35, 167, 210	コナミ……………………………101
エヌビディア…………………14, 163	コンビニATM……………………147
エネット…………………………174	コンビニ主体銀行型運用……149, 152
大阪ガス…………………………174	
オープン・オートモーティブ・	■さ　行
アライアンス（OAA）…………163	サードパーティ・データ………86, 88
オープン化………6, 9, 10, 44, 67, 73, 167, 212	サムスン…………………………111
オープン戦略………………………6	支援サイド………………………114
沖縄電力……………………168, 174	視聴デバイス……………………116
オラクル…………………………89	自動運転…………15, 157, 160, 161, 162, 211
オリックス………………………174	シマノ……………………………11
オンプレミス…………………73, 74	車載器（車載情報端末）
	………………159, 160, 162, 163, 201
■か　行	ジャック・ドーシー……………141
格安SIM……………………………98	収益サイド………………………115
カプコン…………………………101	新日鉄住金エンジニアリング……174
完全データ（印刷業界）…………188	進洋………………………………190
ガンホー…………………………106	垂直一貫体制……………………168
銀行主体型運用…………………149	垂直統合……………………………6

スイッチング・コスト…………………22, 27, 52
スクエア………………………………………141
スペースマーケット…………………………133
スマートカー…………………………………157
スマートフォン…………………………………91
スマ婚…………………………………………181
スマホ決済……………………………………139
スマホゲーム……………………………105, 200
セカンドパーティ・データ……………………88
ゼクシィ………………………………………177
ゼネラル・モータース（GM）………………162
セブン銀行…………………………148, 150, 152
ソーシャルゲーム……………………………106
総括原価方式……………………168, 170, 172
送配電分離………………………………174, 175
ソニー…………………101, 103, 105, 109, 112
ソフトウェア化……………………………207, 212
損害保険ジャパン………………………………12

■た 行

タイムシフト…………………………………116
タブレットレジ…………………………144, 145
ツーサイド・マーケット（二面市場）
　……………………………………………101, 114
通信キャリア……………………………………90
付け合わせ（ギャング）印刷…………………188
デジタル・アドバタイジング・コンソーシアム
　………………………………………………………89
デジタル化……………………………………115
テスラモーターズ（テスラ）…………158, 159
テレマティクス
　…12, 14, 157, 160, 161, 162, 166, 167, 210

電気事業制度改革……………………169, 171
電気自動車（EV）……………………157, 158
電子書籍…………………………………2, 209
電通……………………………………………81
電力小売の自由化……………………201, 204
電力システム改革……………………………171
動画配信プラットフォーム…………………123
東京ガス……………………………………174
東京電灯……………………………………167
統合化……………………………………8, 210
東邦電灯……………………………………167
特定規模電気事業者（新電力）
　………………………………169, 170, 171, 174
トヨタ自動車（トヨタ）
　………16, 160, 161, 164, 165, 166, 167, 211

■な 行

ナシ婚………………………………………179
日産自動車（日産）……………………12, 161
日本閣………………………………………176
日本テクノ…………………………………174
日本テレビ放送網…………………………122
日本発送電…………………………………167
日本ロジテック……………………………174
任天堂…………………………………101, 103, 105
ネットワーク化……………………156, 162, 207
ネットワーク効果……………………………22

■は 行

パーソナル・デバイス……………19, 25, 30, 43
パイオニア…………………………………162
白雲閣………………………………………176

博報堂·····89
八芳園·····176
バリューチェーン構造·····1, 5, 208
　——における独占崩壊の圧力·····11
バリューチェーン統合·····6
範囲の経済性·····173
ビッグデータ·····12, 157
ファーストパーティ・データ·····86, 88
フェイスブック（Facebook）·····88, 130
プラットフォーム
　·····23, 29, 35, 101, 113, 126, 210
プラットフォーム階層（レイヤー）·····8
プラットフォームビジネス·····10, 203, 210
プラットフォーム包囲戦略·····67
フリークアウト·····88
プリントパック·····187, 190, 191
補完製品・サービス
　·····8, 21, 29, 30, 33, 34, 41, 52
補完プレイヤー（補完事業者）
　·····26, 115, 212
本田技研工業（ホンダ）
　·····14, 160, 162, 163, 165, 211

■ま　行

マーク・ベニオフ·····77
マイクロソフト·····11, 19, 21, 30, 105, 112
　——の参入戦略·····32
マルチホーミング·····22, 25, 104
丸紅·····174
三井住友銀行·····148
ムーアの法則·····75
明治記念館·····176

メイション·····181, 182, 183
目黒雅叙園·····176
メルカリ·····133
モジュール化·····156, 161, 195, 207, 212

■や　行

ユニクロ·····1, 9, 208
ユニリーバ·····82

■ら　行

リアルタイム視聴·····117
レイチェル・ボッツマン·····124
レイヤー構造·····2, 5, 11
　——における競争·····12
　——における独占崩壊の圧力·····11
　——変化の契機·····20
レイヤー構造化·····1, 156, 208, 211
レイヤー戦略論·····16
レイヤー統合·····6, 35, 44
レイヤーの主導権·····16
レジアプリ·····143
ローソン ATM ネットワークス
　·····148, 149, 155

■わ　行

枠売り型広告·····81, 82

編著者紹介

根来龍之（ねごろ　たつゆき）
早稲田大学ビジネススクール教授

京都大学文学部哲学科卒業。慶應義塾大学大学院経営管理研究科修了（MBA）。鉄鋼メーカー，英ハル大学客員研究員，文教大学などを経て，2001年から現職。現在，早稲田大学大学院経営管理研究科（早稲田大学ビジネススクール）研究科長。早稲田大学IT戦略研究所所長。経営情報学会会長，国際CIO学会副会長，CRM協議会副理事長などを歴任。著書に，『ビジネス思考実験』（日経BP社），『事業創造のロジック』（日経BP社），『代替品の戦略』（東洋経済新報社），『プラットフォームビジネス最前線』（監修，翔泳社），『ネットビジネスの経営戦略』（共著，日科技連出版社），『製薬・医療産業の未来戦略』（共著，東洋経済新報社）などがある。

浜屋　敏（はまや　さとし）
㈱富士通総研 経済研究所 研究主幹，実践知研究センター 副センター長

京都大学法学部卒業。ロチェスター大学ビジネススクール（サイモンスクール）にてMBA取得（1993年）。1986年富士通㈱に入社後，富士通総研に出向し，現在に至る。情報通信技術と企業の戦略・組織・業務との関係や情報化時代における新しいリーダーシップのあり方などに関する調査研究に従事。早稲田大学ビジネススクールや立教大学での講師も務める。著書に，『プラットフォームビジネス最前線』（共著，翔泳社），『ビジネスモデルイノベーション』（分担執筆，東洋経済新報社）などがある。

著者紹介

早稲田大学ビジネススクール根来研究室

同ビジネススクール（大学院経営管理研究科）は，全日制と夜間・土曜日のプログラムからなる。MBAあるいはMSc in Financeが取得できる。

根来研究室は，経営戦略，ビジネスモデル，ネットビジネス，プラットフォーム戦略をテーマにしている。

なお，本書の執筆は，個人としての活動であり，筆者の各勤務先の見解を示すものではない。

執筆者紹介

根来 龍之 （ねごろ　たつゆき）	編著者紹介参照	第1, 2章, おわりに
深瀬 正人 （ふかせ　まさと）	日本マイクロソフト株式会社	第2章
猪瀬 森主 （いのせ　もりす）	日本マイクロソフト株式会社	第2章
釜池 聡太 （かまいけ　そうた）	日本マイクロソフト株式会社	第3章第1節
松田 融 （まつだ　とおる）	広告会社	第3章第2節
宿澤賢太郎 （しゅくざわ　けんたろう）	NTTコミュニケーションズ株式会社	第3章第3節
森 通治 （もり　みちはる）	株式会社集英社	第3章第4節
中林 幸宏 （なかばやし　ゆきひろ）	Pool & Moon	第3章第5節
大須賀洋平 （おおすが　ようへい）	AKITAYA	第3章第6節
岩田 行雄 （いわた　ゆきお）	日本オラクル株式会社	第4章第1節
藤巻佐和子 （ふじまき　さわこ）	NTTコミュニケーションズ株式会社	第4章第2節
中村 幹宏 （なかむら　みきひろ）	本田技研工業株式会社	第4章第3節
戸井田幸多 （といだ　こうた）	ルネサスエレクトロニクス株式会社	第4章第4節
関口美奈子 （せきぐち　みなこ）	レノボ・ジャパン株式会社	第4章第5節
渡辺 貴史 （わたなべ　たかふみ）	スリーエムジャパン株式会社	第4章第6節
浜屋 敏 （はまや　さとし）	編著者紹介参照	第5章

IoT時代の競争分析フレームワーク
■バリューチェーンからレイヤー構造化へ

2016年7月10日　第1版第1刷発行

編著者	根　来　龍　之
	浜　屋　　　敏
著　者	早稲田大学 ビジネススクール 根来研究室
発行者	山　本　　　継
発行所	㈱中央経済社
発売元	㈱中央経済グループ パブリッシング

〒101-0051　東京都千代田区神田神保町1-31-2
電話　03 (3293) 3371 (編集代表)
　　　03 (3293) 3381 (営業代表)
http://www.chuokeizai.co.jp/
印刷／文唱堂印刷㈱
製本／㈱関川製本所

©2016
Printed in Japan

＊頁の「欠落」や「順序違い」などがありましたらお取り替えいたしますので発売元までご送付ください。(送料小社負担)
ISBN978-4-502-18051-4　C3034

JCOPY〈出版者著作権管理機構委託出版物〉本書を無断で複写複製（コピー）することは，著作権法上の例外を除き，禁じられています。本書をコピーされる場合は事前に出版者著作権管理機構（JCOPY）の許諾を受けてください。

JCOPY〈http://www.jcopy.or.jp　eメール：info@jcopy.co.jp　電話：03-3513-6969〉

一般社団法人日本経営協会［監修］　特定非営利活動法人経営能力開発センター［編］

経営学検定試験公式テキスト

1
経営学の基本
（初級受験用）
A5判・344ページ

2
マネジメント
（中級受験用）
A5判・256ページ

3
人的資本管理／
経営法務
（中級受験用）
A5判・248ページ

4
マーケティング／
IT経営
（中級受験用）
A5判・272ページ

5
経営財務
（中級受験用）
A5判・246ページ

キーワード集
A5判・272ページ

過去問題・解答・解説
（初級編）
A5判・344ページ

過去問題・解答・解説
（中級編）
A5判・664ページ

東京商工会議所編

ビジネスマネジャー検定試験®公式テキスト

■管理職のための基礎知識　　A5判・360ページ

中央経済社